トヨタで学んだ「紙1枚！」にまとめる技術 [超実践編]

浅田すぐる

サンマーク文庫

文庫版まえがき

『トヨタで学んだ「紙1枚!」にまとめる技術』（サンマーク出版）に続き、本書『トヨタで学んだ「紙1枚!」にまとめる技術［超実践編］』（以下、『超実践編』と記載）も文庫化の運びとなりました。前著の文庫化への読者反響が大きかったことを受け、続編である『超実践編』もラインナップに加えようとなったのが、その背景です。

思い返すと、2015年当時も似たような動きがありました。10万人を超える読者の方々が手に取ってくださった結果、数多くの実践事例がメールで届くような日々が続きました。そうしたリアリティあふれるケース・スタディを集めて書籍化した本が、2016年1月に上梓した本書の単行本になります。

単なる実践編ではなく『超実践編』というタイトルになった理由は、作者が机上で考えた実例ではなく、読者が実際に手を動かし、「紙1枚」を書いて実践し、結果が出た事例ばかりで構成されているからです。このことを別の側面から言えば、こうした生きた実例がたくさん届かなかったら、そもそもこの本は生まれえなかったという意味でもあります。

「読者からの反響」があったからこそ完成した『超実践編』が、今回も同じように読者反響がきっかけで文庫化される。「実にこの本らしいな」という感じで、オファーをもらった時は本当に嬉しかったです。この場を借りて深く感謝申し上げます。

さて、こうした背景も踏まえ、今回の文庫化にあたって本文には一切手を加えないことにしました。「読者自身による実践事例が放つみずみずしさ」をできるだけそのまま再現するべく、加筆修正はしない方がベターだと判断したからです。

一方、『トヨタで学んだ「紙1枚！」にまとめる技術』を文庫化した際には、「2020年代にこの本を読む意義」というテーマで、補助線的な解説を「文庫版まえがき」に追記しました。

加えて、2020年代のビジネス環境に対応できるよう、巻末につけた実践サポート特典を令和版に抜本リニューアルするなどの対応も実施。書籍で紹介している「紙1枚」のフォーマットをダウンロードできるようにしたり、解説動画を作成し視聴できるようにしたりしました。

今回、本書『超実践編』の読者の方にも、同様のサポート特典をプレゼントさせていただきます。とくに、この後の本文で紹介している2つの「1枚」フレームワーク、「エクセル1《ワン》」と「ロジック3《スリー》」のデジタル版フォーマットについては、先にダウンロードしておくことをオススメします。

前著をすでに読んでくださった方はダウンロード済みだと思いますが、この本から入ったという読者も当然いると思います。手元にフォーマットがあった方がよりスムーズにアクションに移っていけますので、「超実践」を文字通り実現するためにも、さっそく次のURL（もしくはQRコード）から詳細を確認してください。

実践サポート特典の公開ページ：
https://asadasuguru.com/bunko

前著に続き今回も、編集の佐藤理恵さんをはじめ、多くの方々のご尽力によって文庫化を実現することができました。この場を借りて深く感謝申し上げます。

はじめに

「仕事や生活のあらゆる場面で起きる頭の中のゴチャゴチャを、『紙1枚』を使ってスッキリと整理し、わかりやすく伝える」

その方法をまとめたのが本書です。

たとえばこんなふうに感じる頭の中を……

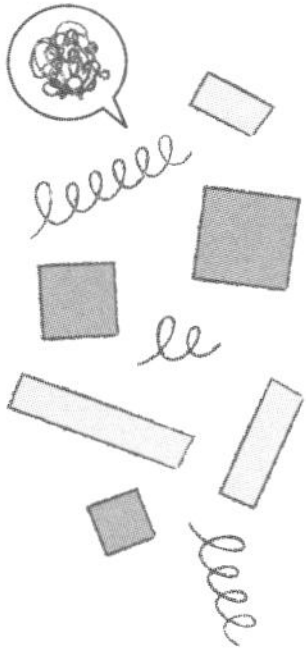

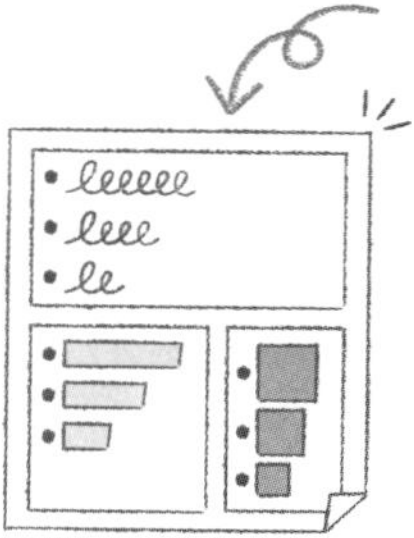

こんなふうに「紙1枚」に整理できれば、スッキリするでしょう。
また、頭の中の情報が整理されることで、資料作成をはじめとする仕事のアウトプットも格段にしやすくなります。

「会社で報告書を書こうとしても何から書いていいかわからない」
「プレゼンテーションの資料を作らなければならないのに、うまくまとまらない」
「仕事でもプライベートでも、やるべきことが山積みで何から手をつけていいのか迷ってしまう」

これらはどれも、表面的なテクニックの問題ではなく、頭の中のゴチャゴチャが主な要因で起きています。

頭の中が整理できず、考えがまとまらない、あるいはポイントがつかめない、ゆえに、何を伝えればよいか見えてこない、あるいは次に何をすればよいのかわからない、その結果、具体的な行動がとれないのです。

ひょっとすると人生も同じかもしれません。

自分はどう生きたいのか、何をしたいのかが頭の中でスッキリと整理されていれば、あとはそのための行動をとればいいだけです。

でも実際は、「あれもやりたい、これもやりたい……その前に、あれをやらなくては……目の前の問題を片づけなければ……」というように頭の中が散らかった状態になっていて、何をやりたいのか、何をやるべきなのかがはっきりわからず、次の1歩を踏み出せないのです。

もし、「今後、自分はこう生きていきたい」という思いを、「紙1枚」という目に見える形にまとめることができたら、明日からスッキリした気持ちで充実した毎日を過ごせる――そんな気がしませんか？

あえて断言するなら、**私たちの身の回りに起きる問題のほとんどは、頭の中の「ゴチャゴチャ」を「スッキリ！」に変えることで解決できます**。

そのためのもっともシンプルにして実践的な思考整理術が、本書のタイトルにも掲げている**「トヨタで学んだ『紙1枚！』にまとめる技術」**です。

すでに前著でも、その基本的な部分をご紹介し、予想をはるかに上回る多くの方々から反響をいただきました。本書は、**その方法をより幅広い場面ですぐに活用できるよう、豊富な具体例を盛り込んだ「超実践編」**に当たります。

世界のトップ企業・トヨタで学んだ思考整理術

ではまず、前著でもお伝えした**「トヨタの1枚」**について少し振り返っておきたいと思います。

かつて私が勤務していたトヨタ自動車株式会社（以下、トヨタ）には、**業務上の書類をA3またはA4サイズの「紙1枚」に収める、という企業文化**があります。

企画書も報告書も会議の議案書も、すべて基本的に「紙1枚」。多くのトヨタ社員が、日常的に、仕事のあらゆる場面で情報を整理し、「紙1枚」にまとめるという作業をしているのです。

考え抜いて作られた「それ」は「トヨタの1枚」とも呼ぶべき書類に仕上がり、同時に「機能する1枚」となります。

あるときは大規模な新規プロジェクトを発足させ、あるときは会議をスムーズ

に進行させ、あるときは社員を育てる、といったように、あらゆる場面で効果的な働きをしてくれるのです。

私自身、トヨタの社員時代には、毎日のように「1枚」を作り、その「1枚」が業務やプロジェクトをダイナミックに動かしていく様を目の当たりにしてきました。

また、「トヨタの1枚」を活用することで、時間短縮と成果を両立させる取り組みも実現できました。具体的には、**年間400時間超の残業時間を実質ゼロ化する一方、担当業務では日本一の実績に携わる経験もできました。**

仕事で成果を出していくうえで、情報を整理し、思考を「1枚」にまとめ、わかりやすく伝えることの威力を、日々実感してきたのです。

では、この「トヨタの1枚」を、多くのトヨタ社員はどうやって作っているのか。

意外にも、トヨタの社内には、「1枚の書き方」についての体系的なマニュアルはありませんでした。あらゆる書類を「紙1枚」にまとめるという企業文化はあっても、その作り方は明確には決められていなかったのです。

加えて、これは前著でもご紹介しましたし、本書でも徹底解説していきますが、「紙1枚にまとめる」という動作を通じて、実は高度な「思考整理」が行われています。ところが、あまりにも当たり前の日常動作となっているため、トヨタ社内でも、この本質について言語化できる人とお会いする機会は、ほぼありませんでした。

私の場合は、先輩社員たちが過去に作ってきた膨大な「1枚」を見て、真似《まね》し、上司に赤ペン添削されることを繰り返す中で、自分なりの「1枚」の書き方やその意義・本質を身につけていきました。

しかし一方で、当時はそれを体系立てて後輩社員などに説明できるところまでは、私もまだ言語化できていませんでした。後輩に指導するときには、自分がそうされてきたように、まずは後輩に自分で書かせて、それを私が添削する、という方法をとっていたのです。

「この『トヨタの1枚』の書き方、その本質である『思考整理のプロセス』を、誰もが簡単にできる具体的な方法として、なんとかカタチにできないだろうか――」

トヨタを退社してからも、私は独自に研究を続けました。

先ほども書いたように、仕事のあらゆる場面で、また生活の場面においても、頭の中がゴチャゴチャしてうまくものごとが進まないという状況は頻繁にあります。

こんなとき、トヨタの社員が日ごろ行っているような、情報を整理し、考えを「1枚」にまとめる作業ができれば、多くの問題は解決します。

そこで、当時の経験をベースに、さらに独自の研究を重ねて**「〝伝わるカイゼン〟『1枚』フレームワーク」**という、**「情報を整理し、自分なりの考えをまとめ、『紙1枚』でわかりやすく伝える技術」**を体系化しました。

この技術には、**「エクセル1《ワン》」「ロジック3《スリー》」という思考整理のフレームワーク**があり、基本的な活用法は前著でも紹介させていただきました。

情報が整理できない、ポイントがつかめない、言いたいことがわからない、自分の考えがまとまらない、といった場合に、これら「エクセル1」「ロジック3」のフレームワークを使うことで、頭の中の「ゴチャゴチャ」を「スッキリ！」と整理することができるのです。

「紙1枚」と「3色ペン」があれば誰でも実践できる

ありがたいことに、前著は数多くの読者の方の働き方に影響を与え、「実際の仕事に役立てています」という声をたくさんいただいています。

「情報を整理し、自分なりの考えをまとめ、『紙1枚』でわかりやすく伝える技術」を、知識としてではなく、具体的な動作で、誰もが簡単に取り組める方法として提案したい――そう考えていた私にとって、「実践してみました」という声は何よりもうれしいものです。

逆にいうと、この技術は実際にやってみて初めて（といっても――のちほどまた詳しく説明しますが――「紙1枚」と「3色ペン」さえ用意すれば、誰でも、どこでも簡単にできるものです）、その本当の威力を実感できるものになっています。

さらに、前著で基本的な使い方について解説した「エクセル1」と「ロジック3」ですが、この2つのフレームワークは、さまざまな場面で応用できます。

報告書や企画書、プレゼンテーションの資料といった、仕事上の書類を作る際にはもちろんのこと、会議を効果的に進めたいとき、スケジュール管理をしたいとき、部下や後輩に効率よく仕事の指導をしたいとき、といった仕事にまつわるいろいろなシーンや、やるべきことが多すぎて困っているとき、新しい課題に挑戦したいとき、読んだ本の内容を生活に活《い》かしたいとき、感動した映画を人にす

「1枚」フレームワークで情報や思考がスッキリまとまる！

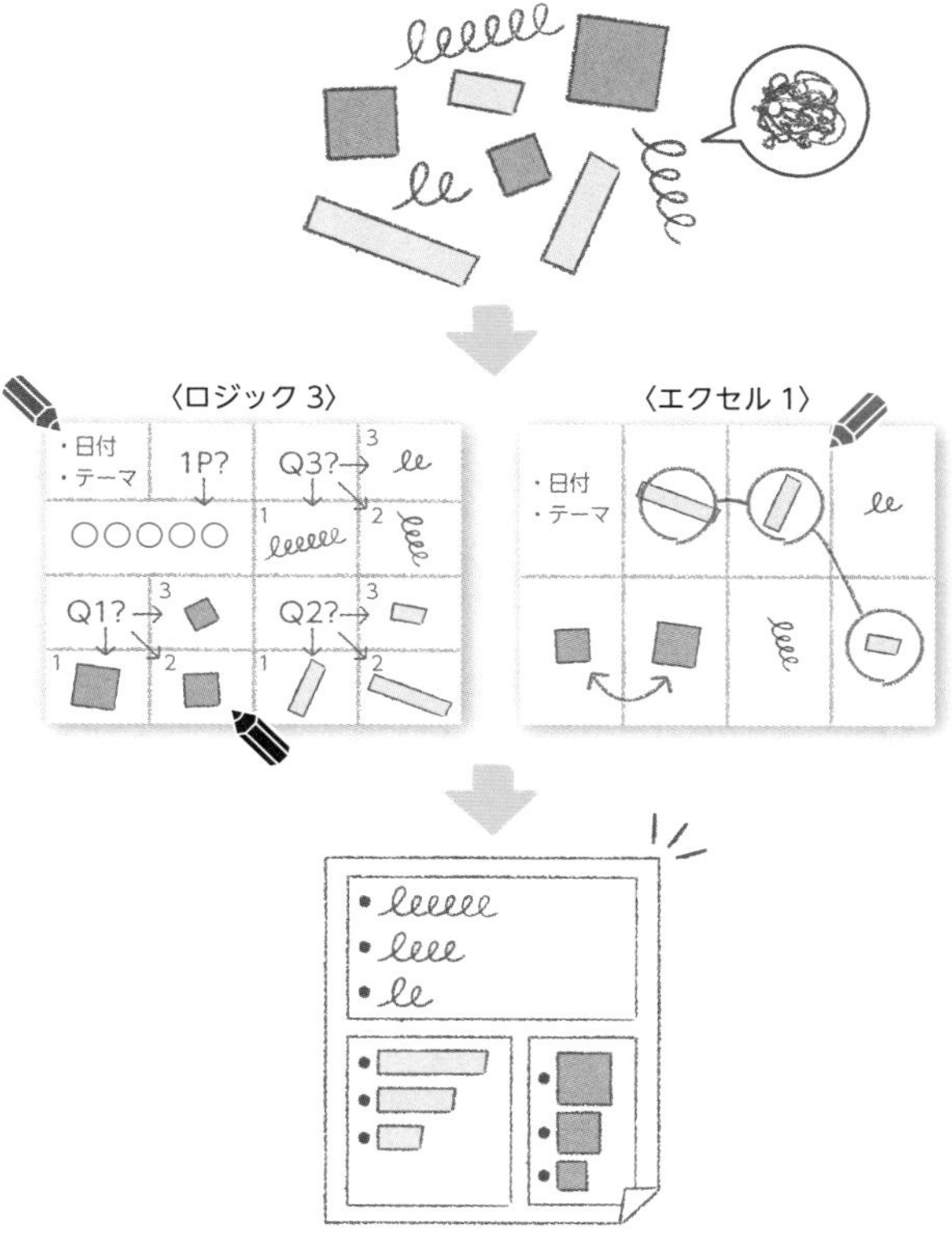

すめたいとき、効率よく勉強したいとき、ダイエットを成功させたいときなど、**仕事を超えたありとあらゆる場面に使える思考整理術**になっているのです。

本書では、そうした具体的な応用方法を幅広くご紹介していきます。

これらの内容は、これまで私のワークショップなどでも受講者の方々にお伝えしてきたことなのですが、多くの方が「エクセル1」「ロジック3」を実際に活用し、問題を解決し、結果を出してくれています。

ここで一部ですが、その声を紹介させてください（前著ではこういうとき「3つ以内」にして伝えるとよいですよ、とおすすめしているので、数あるご報告の中から「3つ」選んでご紹介します）。

「エクセル1」と「ロジック3」を使って、自分の考えを「1枚」にまとめてから上司との面談に臨んだら、希望の部署への異動があっさり決まりました！

中学生の息子に「エクセル1」を使ったスピーチ原稿の作り方を教えました。国語の授業で発表するスピーチのためにその方法を実践した息子は、帰ってくるなり「お父さん！　今日のスピーチものすごく褒められたよ」とうれしそうに報告してくれました。

「エクセル1」で情報を整理するようになってから、感情も整理されて、部下とやりとりするときのイライラがなくなりました！

私がもっとも「うれしい」と感じるのは、受講者の方々が、目の前にある仕事の範囲を超えて、ほかのさまざまな問題をも解決してしまい、自分の人生そのものをよい方向へと進めてくれていることです。

「エクセル1」や「ロジック3」が単なる思考整理や資料作成のツールとしてではなく、それ以上の問題解決ツールとして機能してくれることを、実際の行動を通して証明してくれているのです。

そうした意味で、今回のタイトルは「超実践編」と掲げました。「超」は「超越」「仕事を超えたさまざまな場面で」「トヨタ論の範疇《はんちゅう》を超えて」といった意味合いでご理解ください。

中には一般的なビジネス書であまり扱われないような応用例も登場しますが、すべて受講者の方が実践してくださったからこそ生まれた価値ある実例です。

ぜひあなたも、「仕事用」に、とかたくなにはならず、身近な場面で楽しみながら役立ててみてください。むしろそのほうが、結果的に仕事で役立つ場面も増やせると思います。

本書をきっかけとした日々の積み重ねの結果が、あなたの仕事も、そして仕事以外の人生も、よりよい方向へと導いてくれることを信じています。

トヨタで学んだ「紙1枚！」にまとめる技術［超実践編］

目次

Chapter 1

「まとめる」技術はこうすれば簡単に実践できる

Chapter 2
「紙1枚」を使えばどんな資料作成も思いのまま

Chapter 3

いつでもどこでも、仕事で困ったときの「紙」頼み

Chapter 4
あらゆるゴチャゴチャは「紙1枚」でスッキリまとまる!

構成　山田由佳
編集協力　株式会社ぷれす
　　　　　新田由起子
編集　平沢拓
　　　佐藤理恵（サンマーク出版）

Chapter 1

「まとめる」技術はこうすれば簡単に実践できる

01

目線の〝ギアチェンジ〟で思考整理は格段にラクになる

「おーい、浅田、さっきの打ち合わせの内容、まとめておいて」

トヨタに勤務していたとき、このように「まとめておいて」と上司に言われることがしばしばありました。

もちろん、上司が言う「まとめておいて」は、「紙1枚にまとめておくように」という意味です。

今でこそ、あらゆる情報を「紙1枚」にまとめるのは〝朝飯前〟になりましたが、入社間もない当時の私は大いに戸惑いました。要約は苦手なうえに、そもそも「まとめる」って、いったいどうやればいいのか――と。

「はじめに」でも書きましたが、トヨタにはあらゆる書類を「紙1枚」にまとめるという企業文化こそあっても、その方法に共通のルールやフォーマットはありません。その本質が「資料作成ではなく思考整理」にあるという点が、社内で言語化されることもほぼありませんでした。よって具体的に「こう考えたらいいんだよ」「こうやってまとめたらいいんだよ」などと上司から指導を受けることもあまりなかったのです。

しかし、明文化されていないだけで、トヨタで働く人たちの日常業務の中には**「思考整理＝まとめるためのヒント」**がいくつもありました。

私がトヨタの社員時代に日々観察して学び、実践し、身につけてきた膨大なヒントの中から、特に大切なものを3つご紹介します。

1つめは、「人に説明できるようにまとめる」です。

社内で「仕事ができる」と評価されている人たちには、ある共通点がありました。企画書、報告書、会議の議事録、プレゼンテーションの資料など、**どんなテーマの書類でも、漠然と自分のためにまとめようとするのではなく、誰かに説明**

できるようにまとめているのです。

そしてこれが、「情報を整理し、考えをまとめる＝思考整理する」作業をラクにするポイントでもあるのです。

「人に説明できるようにまとめる」ことを最初に教えてくれたのは、同じ部署で働いていたある上司でした。

その方は、どんな場面でも、どんなテーマでも、いつ、誰に何を聞かれようとも、理路整然と応答できてしまう人でした。「その件については確認してから連絡します」「少しお待ちください。調べてからのちほどお伝えします」といった、つい言ってしまいがちな言葉を、その上司の口からは聞いたことがありませんでした。常に、頭の中で思考の整理が行き届いているように感じました。

あるとき、その方に「どうしてそんなふうに、何を聞かれても常にスラスラと答えられるのですか?」と聞いたことがあります。

すると、「いざとなったらすぐに上司に説明できるよう、常に人の話を聞いたり、資料を読んだりしているんだよ」と教えてくれました。「取り急ぎ上司に説明する機会があるかないかにかかわらず、だからな」とも。

この言葉を聞いたとき、目からウロコが落ちる思いでした。

当時の私からすれば、「まとめる」という作業は、「自分のため」にやるものだと当然のように思っていたからです。

でも上司には、「役員や部長に聞かれたときに説明できるレベルで」という明確な前提がありました。このとき、私は初めて「人のためにまとめる＝自分のまとめにもなる」という考え方があることを知りました。

そして、これは後々わかったことですが、この**「常に人に説明するつもりで思考を整理する、理解しておく」という前提を設けると、実は情報を整理し、考えをまとめる作業がとてもラクになる**のです。

たとえばクレーム処理の報告書をまとめる場合を例に考えてみましょう。

自社の製品について「使いにくい」というクレームが入り、それに対処するまでの一連の流れをまとめるとします。

こんなとき、いざまとめようとすると、何から手をつけてよいかわからないといった状況に陥らないでしょうか？

そこで、仮に「上司に理解してもらえるように」という前提を設けるとします。すると、この前提を満たすために、上司は何を知りたいか、上司に納得してもらうにはどこまで書くべきか、上司に理解してもらうにはどの順番で伝えればいいか、などの疑問が浮かんできます。

これらの疑問を探っていけば、自然と報告書に何を書くべきかが整理されてきます。

たとえば、クレームはいつ、どの製品に対して、どのような内容のものが入ったのか、また、そのクレームに対してどのような対処をしたのか、今後このクレームをどう活《い》かしていくか、といった内容です。

場合によっては「クレームをつけてきた顧客」に説明できるようにまとめることもあるかもしれません。

この前提に変わると、どうしたら顧客は納得（満足）してくれるか、今後も関係を続けていくために何を伝えるべきか、などの課題が浮かんできます。資料としてまとめるときにも、この課題に対する答えを中心に書き出していけばいいのです。

つまり、**「人（誰か）に理解してもらえるように説明する」という前提を設けることで、まとめ方の方向性が見え、何を盛り込むべきかという情報の取捨選択がしやすくなります。「どうまとめるか」が見えてくる**のです。

見方を変えると、思考整理の方向性が見えないとき、あるいはあれもこれもという感じで頭の中がゴチャゴチャしているときは、対象が「相手」ではなく「自分」になってしまっていないか疑ってみてください。

そして、誰か特定の「相手」を想定し、「その人に理解してもらうにはどうしたらよいか」、と考えてみてください。

資料が完全な「1枚」にならないときも、「自分が何を伝えたいか」が強すぎるケースが非常にたくさんあります。そんなときも、「相手は何を知りたいか」

という視点から出発することで、「1枚」レベルのシンプルさに近づいていきます。

こうした自分目線から相手目線への〝ギアチェンジ〟が、思考整理を格段にスムーズにする手がかりとなるはずです。

02

「そもそもさぁ」と唱えればまとめ方が見えてくる

今、あなたの頭の中が次のようにゴチャゴチャになっているとしましょう。

こんなとき、**漠然と「このゴチャゴチャを整理しよう」と思ってもなかなかう**

まくいきません。

でも、たとえば**「同じ種類のものに分類すると？」**というテーマが立つと、ひとまず次のようにまとめられます。

同じ種類のものに分類すると？

さらに、**「それぞれのグループ内を、大きい順に並べると？」**というテーマが立つと、次のようにまとまります。

それぞれのグループ内を、
大きい順に並べると？

もちろん、実際の頭の中はもっと複雑ですから、こんなに簡単にスッキリと整理されるとは限らないでしょう。しかし、**「テーマ」が立てば、ひとまず、ある形にまとめることはできる**のです。

反対に、情報がうまく整理できない、考えをまとめられないときというのは、このテーマがうまく立っていない場合が多いのです。

では、どうすればテーマが立つのか？

テーマを立てるには、目的をはっきりさせることが第一です。「何のためにそれをまとめるのか？」という目的が明確になっていれば、自然とテーマが見えてきます。

では、その目的をはっきりさせるためには、どうしたらいいのでしょうか。

これは前著でも触れましたが、「『紙1枚！』にまとめる技術」の中でも特に重要なので、あらためてご説明します。

まず、「1枚」の読み手を確認します。

読み手は、上司、部下、他部署の人、後任の人、社内の不特定多数の人、社外の不特定多数の人、取引先の担当者……と、ケースによってさまざまでしょう。

できあがった「1枚」を誰が読むのか特定します。

ここで「誰か」が明確になればなるほど、「1枚」にまとめやすくなってきます。

次に、その「1枚」を読むことで、読み手がどんな反応・行動になったらよい

“まとめ上手”になるための２つのヒント

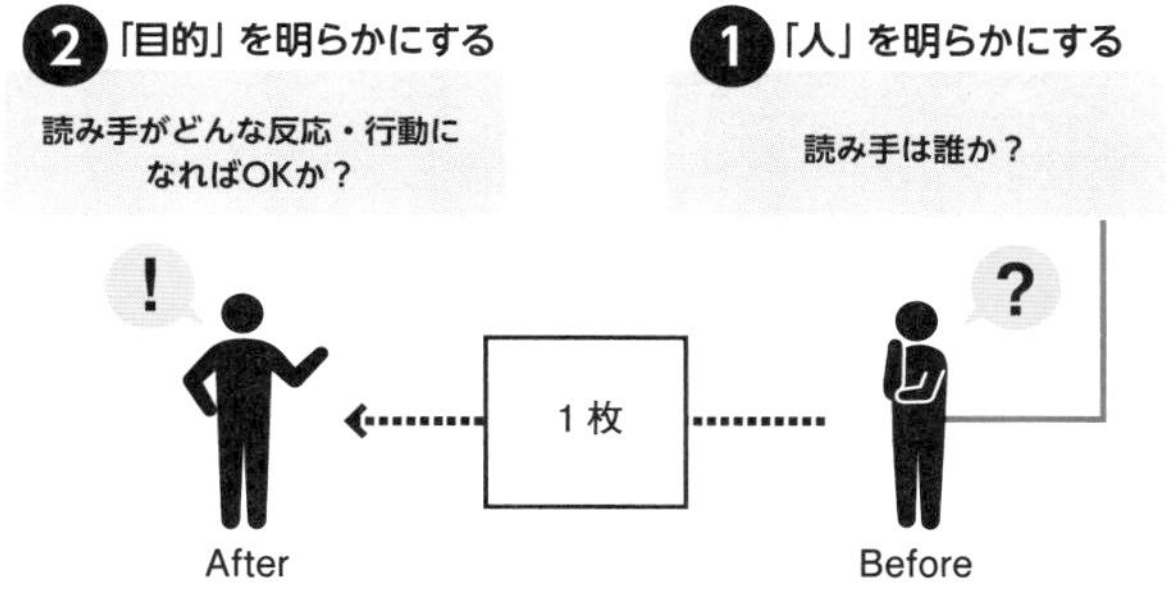

のかを考えます。

たとえばクライアントに企画を提案したときなら、相手が「この企画、ぜひやりましょう！」と言えるような心境になることではないでしょうか。

社内の業務カイゼンの提案書を上司に読んでもらったときなら、「たしかに君の言う通りだ。このカイゼン策を実行に移そう」などと言ってもらうのが望ましいでしょう。

このように、読み手の望ましい反応・行動をサポートすること、それが「紙1枚」にまとめる目的となるのです。

目的さえはっきりすれば、テーマも見えてきます。

企画書の場合、目的は読み手に「この企画、ぜひやりましょう！」と言ってもらうことでした。こう言ってもらうためには、たとえば企画のいちばんの「売り」を伝える必要があるでしょう。

となると、企画書を書く際には「この企画のいちばんの売りは何か？」というテーマをまずは立てればよいわけです。**こうして、思考整理の方向性が見えてくるのです。**

情報を整理し、考えをまとめるには、その目的を明確にする――。

これが、トヨタでの日常業務を通じて見つけた「まとめるためのヒント」の2つめです。

当時、私がよく上司に言われたのは、**「そもそもさぁ、この仕事は何のためにやっているんだっけ？」**という言葉でした。

これは、仕事で迷走しかけている私に、「仕事は常に、その目的を忘れてはいけない」という上司からの戒めの言葉でもあったのですが、同時に私は「そもそも何のため？」と問いかけられることで、「その目的を達成させるためにはどうするべきか？」という本来の課題から意識が脱線することなく、次にとるべき行動を見つけることができたのです。

「紙1枚」の書類を作っているときも、「そもそもこの書類、何のために作っているんだっけ？」という上司のひとことにハッとさせられたことがよくありました。

思考整理ができずに困ったときには、「そもそもさぁ」と問いかけて、もう一度その書類を作る目的を振り返ってみてください。

03

「わからない」ならアタマより先にカラダを動かそう

トヨタでの日常業務の中で見つけた「まとめるためのヒント」の3つめ。

それは、**「アクションファースト！　とにかく行動を起こし続ける」こと**です。

何かの資料を作るとき、要は、情報を整理して考えをまとめるとき、頭の中であれこれと考えてはウンウンうなっていませんか？　「何を書いたらいいのか？」などと、頭の中だけで悩んで立ち止まってはいないでしょうか。

そうした時間をできる限り減らし、とにかく何かを「書く」のです。**手を動かして、目に見える行動を起こす**のです。

こういうと「何を書いていいかわからないから悩んでいるんだ」と思うかもしれません。

それでも、まずは書くのです。

私が提唱している「1枚」フレームワークは、この「とにかく書く」が精神論で終わらないよう、「書く」だけでなく「（空欄を）埋める」という、より具体的な動作で実践できますので、安心して取り組んでください。

手を動かして何かを書く（埋める）。それが「情報を整理し、考えをまとめる」プロセスを前進させていくコツです。

かくいう私自身が、トヨタに入社して間もないころは、よく「わからない……」「どうしよう……」と頭の中で思い悩んでいました。打ち合わせに出席しても、そこで何が話し合われているのかがさっぱりわからない、といったときもありました。

「今日の打ち合わせはよくわからなかったな」「今日の打ち合わせは少しだけわかったな」などというように、**常に「わかるか、わからないか」を気にしていた**のです。

あるとき、アメリカ支社に確認しなければならないことが出てきました。確認のメールを出すとしばらくして返事が来ましたが、その要点が私には今ひとつ理解できませんでした。メールの文面を何回読み直しても、よくわからないのです。

わからないまましばらく放置したあと、上司に催促されてようやくこう答えました。

「先方から返信のメールは届いたんですけど、何が言いたいのかよくわからないんですよ……」

すると、上司は半ば叱るような口調でこう言ったのです。

「何立ち止まってるんだ！　わからなかったら、聞け！」と。

こうやって文章にするとお恥ずかしい限りなのですが、当時は「わからないなら、わかるまで動けなくて当然」という思い込みがありました。ところが、このとき初めて私の中に、「わからなかった（アタマ）→聞く（カラダ）」という「アクションベース」の働き方が本格的にインストールされました。**「わからない」**

と嘆いているだけで何の行動もしなければ、仕事は1ミリも前に進まない、と。

そもそも「わからない」がために仕事が止まってしまう場面というのは、「正解にこだわっている（アタマ）」ことが少なくありません。「この仕事の正解は何だろう？」「何が正しいのだろう？」などとぐるぐる考えてしまうのです。特に、学生を終えて間もないころの若手社会人は、当時の私に限らず、この症状に陥っている人が少なくないようです。

でも、これだけ変化の激しい時代ですから、実際にやってみないと、何がどうなるかわからないというケースが仕事では大半です。

やらないとわからない正解を、やる前から探し出すことに時間を使うくらいなら、とにかくまずカラダを動かして「やってみる」こと。やってみて目的を達成できたらOKだし、うまくいかないならまた別のやり方を試してみればいい。

これは、思考整理の場合も同じです。

最初から、正解の資料などという事前には判断しようがないものを書こうとするから、書き出すことができず、手も、頭も止まってしまうのです。

とはいえ、アクションベースでとにかく書くことへの抵抗が強い人も多いでしょう。

そこで、**誰もが資料作成前の段階から、あるいは資料作成中に行きづまった際、気軽に手を動かすことができるようにと考えた思考整理のシステムが、本書で紹介する「エクセル1《ワン》」や「ロジック3《スリー》」のフレームワーク**です。

ここまで、私がトヨタで働きながら、特に日常業務の中に見出《みいだ》してきた「まとめるためのヒント」を3つ紹介しました。

あらためておさらいすると、

(1)「人」に説明できるようにまとめる
(2)何のためにまとめるのか、「目的」をはっきりさせる
(3)アクションファースト！「行動ありき」でとにかく書き出す

という3つです。

これをひとことで言うなら、

「情報を整理し、考えをまとめるコツは、『人』と『目的』を意識して、とにかく『書く』こと」

となるでしょう。まとめ方がわからずに立ち止まってしまったときほど、ぜひこのひとことに立ち返ってみてください。

04

すべての思考整理の基本は「エクセル1」にあり

これから「情報を整理し、考えをまとめ、伝える」ための思考整理ツールである「エクセル1」と「ロジック3」の実践的な活用方法を紹介していきますが、あらためてまず基本的な使い方からおさらいしましょう。

「エクセル1」も「ロジック3」も、基本は小さな枠=フレームの集合体です（53、63ページ参照）。

「トヨタの1枚」に限らず、どんな書類も、それを作る過程は大きく次の2段階に分かれます。

(1) 情報を整理する

(2) 考えをまとめる

ここまでが思考整理の段階であり、その内容を記した書類をもとに打ち合わせやプレゼンテーションをするとなれば、

(3) 伝える

という段階も加わるでしょう。

この3つの段階で、それぞれ活用できるのが「エクセル1」と「ロジック3」です。

まず初めに、次の2つの道具を用意します。

・3色のペン（緑、青、赤）
・1枚の紙（もしくはノート）

続いて、「エクセル1」の基本的な活用法を見ていきましょう。

「エクセル1」の基本的な使い方

緑ペン　青ペン　赤ペン

❶フレームを書く

まず、緑色のペンを持ってフレームを書くところからスタートします。

フレームは、通常はA5またはB5サイズのノートを、ページが「横長」になる向きにして書いていきます。

基本となるのは、左ページにあるように8個のフレームです。これは必ずしも8個でなくてもかまいません。テーマや、これからまとめる情報の分量に応じて、

すべての思考整理の基本となる「エクセル1」

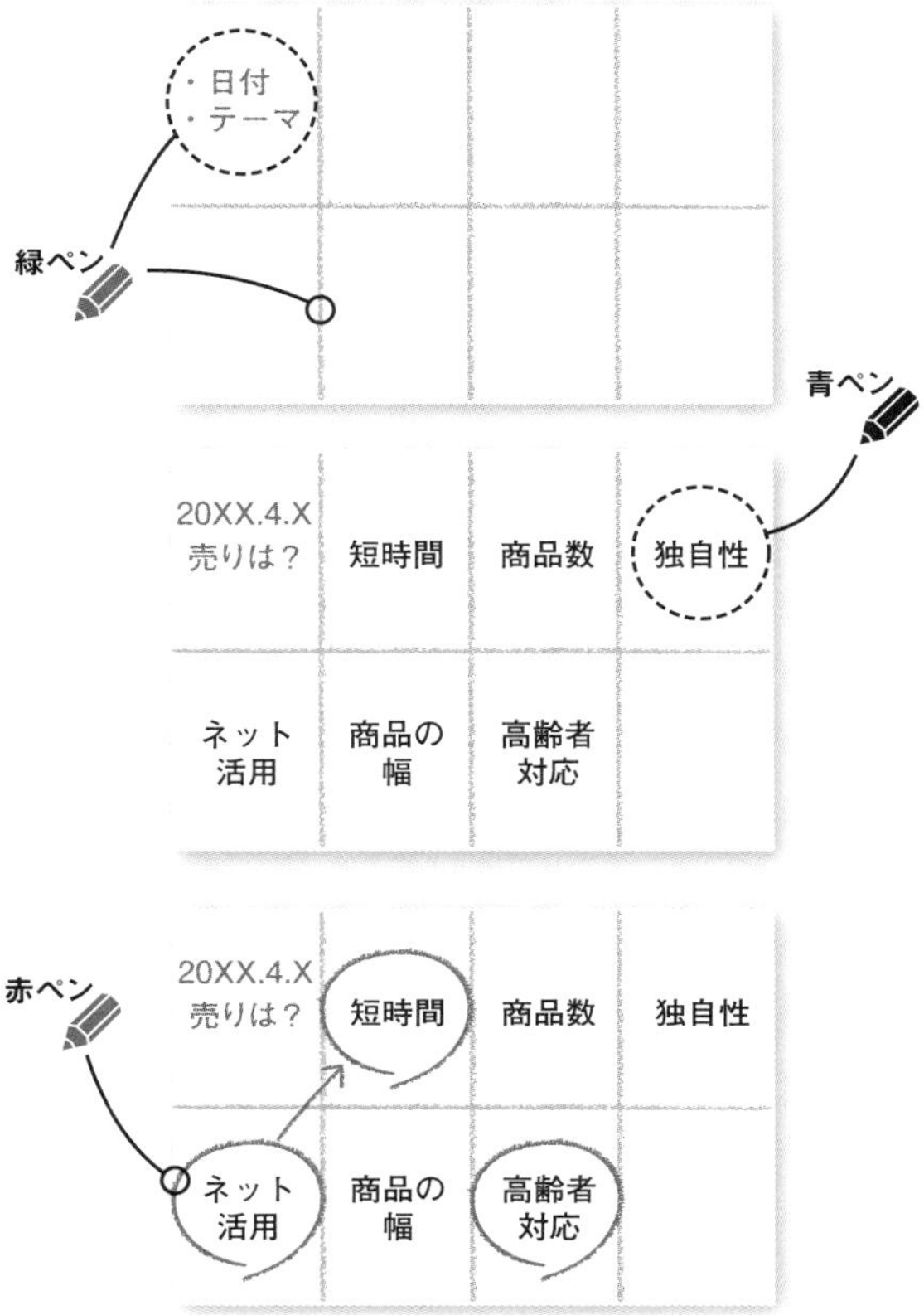

16個、32個、64個などと調整していきます。

ただし、フレーム数を少なく設定するときには、1つのフレームが大きくなりすぎないように注意が必要です。これは、情報を整理するためにキーワードを書き込んでいく際、フレームが比較的小さいほうが心理的に埋めやすく感じるからです。

また、ある程度の長さのキーワードでも記入できてしまう大きさのフレームの場合、「要約」が苦手な方にとってはかえって記入が難しくなるはずです。要約力に自信がないという方は、短い単語だけでサクサク記入していけるよう、なるべく小さめのフレームを使うことをおすすめします。

❷日付とテーマを書く

フレームが書けたら、いちばん左上のフレームに日付を入れます。

日付を入れるのは、日常的に何度も「1枚」を書いていく中で、あとから振り返りやすいようにするためです。

日付を入れたら、次にテーマを書きます。

たとえば企画書を書く場合、「この企画の売りは何か？」「盛り込むべき情報は何か？」などのテーマが考えられるでしょう。出張報告書なら、「出張先での行動は？」「出張先で得た成果は？」などがテーマになるかもしれません。

このように、テーマは「その情報を何のためにまとめるか？」という目的によって変わってきます。テーマを書いておけば目的が明確になりますし、書いておくからこそ、常に意識し続けることができるのです。

❸キーワードで空欄を埋めていく

ここからは青色のペンに持ち替えます。そして、テーマに対する答えで空欄を埋めていきます。頭に浮かぶキーワードをどんどん書き込んでいきましょう。この青ペンによる動作が、「情報を整理する」プロセスに当たります。

1つのフレームには1つのキーワードを書くのが原則です。時間は、1回当たり90秒から長くても3分程度としてください。フレームという空間的な制約だけでなく、時間的にも制約を設けることで、思考整理への集中力を高めていきます。

なお、前述した通り、要約した短文で埋めてもらってもかまいませんが、最初の段階ではあまりおすすめしません。これまで2000名を超える受講者の方とお会いしてきた限りでは、うまく要約して埋めていこうとする人ほど、この工程で時間をかけすぎてしまうからです。

この青色のペンで書くプロセスは、考えをまとめるためのベースとなる情報を整理する段階です。だから、優先すべきは質より量。キーワードの重要度の順位づけや必要性の有無の判断などは次の赤色のペンで書くプロセスで行いますので、この時点ではとにかく機械的に、淡々と埋めていくのがコツです。

❹整理した情報をベースに考えをまとめる

キーワードで空欄を埋め終えたら、考えをまとめる作業に入ります。ここからは、ペンを赤色に持ち替えます（色を変えるのは、「プロセスが変わったこと」を自分の思考回路に意識づけしていくためです）。

書き出したキーワードを眺めながら「この中でもっとも重要なものを3つ挙げると?」「重要度順に番号を振ると?」「時系列で順番をつけるなら?」などと「質問」を投げかけます。

そして質問に対する「答え」を書き込んでいきます。ここも、集中力を高めるために、なるべく短時間(1分から3分程度)に収めてください。

たとえば「この中でもっとも重要なものを3つ挙げると?」という質問を投げかけた場合は、その答えになるキーワードを赤ペンで囲っていきます。「重要度順に番号を振ると?」なら、重要度の高いものから順番に番号を振っていきます。どのような質問を投げかけるかは、テーマによって変わってきます。

＊　＊　＊

以上が「エクセル1」の基本的な使い方です。

「エクセル1」による思考整理法の効果は、読んだだけではピンとこないかもしれません。しかし、「いざ情報を整理し、考えをまとめようとしても、何を書けばよいのか、何から書いてよいのかわからない」といった場面で、強力な助っ人になってくれます。

先ほど、トヨタ時代に学んだ「情報を整理し、考えをまとめるコツ」の1つとして、アクションファーストで「とにかく書く」ことの重要性について述べました。**「エクセル1」という「紙1枚」を用意するだけで、この「とにかく書く」動作を始められる**わけです。

フレームを作るために「線を引く」ことからすでにアクションは始まっています。フレームを作り、日付とテーマを書き……と手を動かすうちに、自然と思考のスイッチが「ON」の状態になっていくわけです。しかも所要時間は、緑から青、青から赤の全プロセスを含めて約3分、長くても6分程度です。

さあ、まずは紙1枚と3色ペンを手元に置いて、実際にフレームを作るところから始めてみてください。

05

「ロジック3」の論理力でまとまる、わかる、伝わる！

次に「ロジック3」を紹介します。

「ロジック3」は、ざっくりひとことで言うと**「論理的に考えをまとめ、わかりやすく伝える」ことに重点を置いた「1枚」フレームワーク**です（ほかの目的に使う場合もありますが、ここではいちばん頻度の高い使い方に限定して説明します）。

そもそも、どんな書類にも共通する「目的」は何かというと、それは「伝えること」です。いかなる書類も、基本的には誰かに何かを伝えるために書くはずです。どんなにきれいに「紙1枚」にまとまっていたとしても、相手に伝わるレベルで思考整理されていなければ、その書類は機能しません。

この**「相手に伝わるレベル」の論理性**というところがポイントで、ただただ精緻さを追求しすぎる論理性は、かえって相手にとってわかりにくく、伝わりにくいものになってしまいます。

そこで、この辺りのバランスを踏まえたうえで、自分の主張を論理的に伝えたい、考えていることをわかりやすく伝えたい、といった場面で用いるのが「ロジック3」です。

では、「ロジック3」の基本的な活用法を見ていきましょう。

「ロジック3」の基本的な使い方

緑ペン　青ペン　赤ペン

❶フレームを書く

「ロジック3」も、まずは緑色のペンでフレームを書くところからスタートします。形は、63ページを参考にしてください。

❷日付とテーマ、「1P?」「Q1?」「Q2?」「Q3?」と矢印・番号を書く

いちばん左上のフレームに、緑色のペンで日付とテーマを記入します。また、「1P?」「Q1?」「Q2?」「Q3?」と矢印・番号も書きます。

ここでは、「クレームの報告書をまとめる」場合を想定して、テーマを「クレーム報告」と書いておきます。

❸「1P?」のフレームを埋める

「1P?」とは「1Phrase?」の略で「ひとことで言うと?」という意味です。

論理的でない人の話の特徴は、ひとしきり話したあとに、相手から「で、結局何が言いたいの?」という反応が返ってきてしまうことです。見方を変えると、こう言われないように備えるところから、論理的なコミュニケーションは始まります。

テーマについて「ひとことで言うとどうなるか」を考え、それを赤色のペンで書き込むことで、こうした下準備を行います。

今回は「クレームの報告書」の例ですから、「今回のクレーム報告の内容をひとことで言うと何になるか?」を考えます。ここでは、「商品の発送ミスによるクレームとその対応・対策」と記入しておきます。

❹「Q1?」「Q2?」「Q3?」に対応する質問を書き込む

ここで再び、緑色のペンに持ち替えます。

論理的に考えをまとめ、わかりやすく伝えるための「ロジック3」

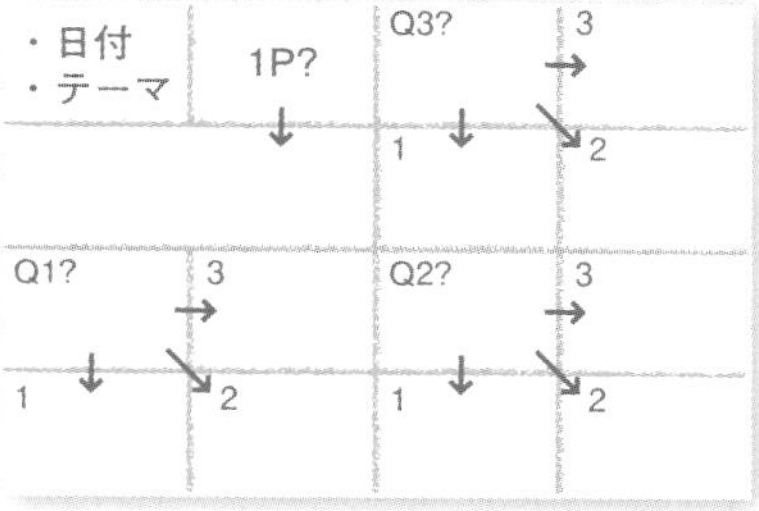

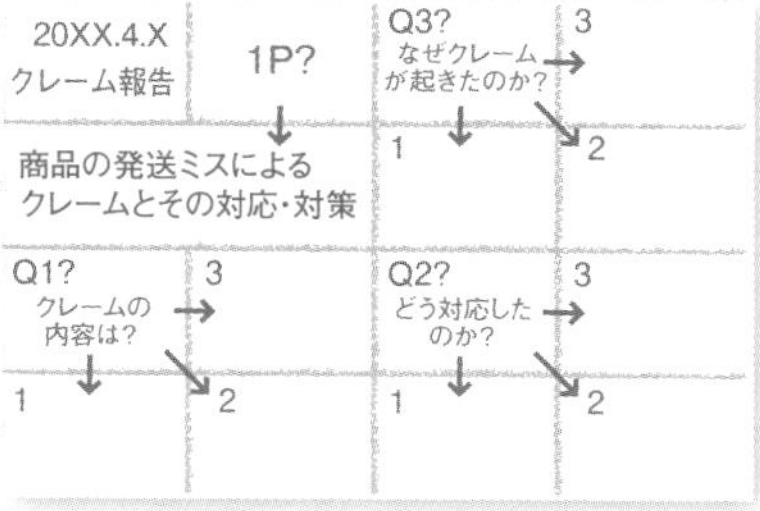

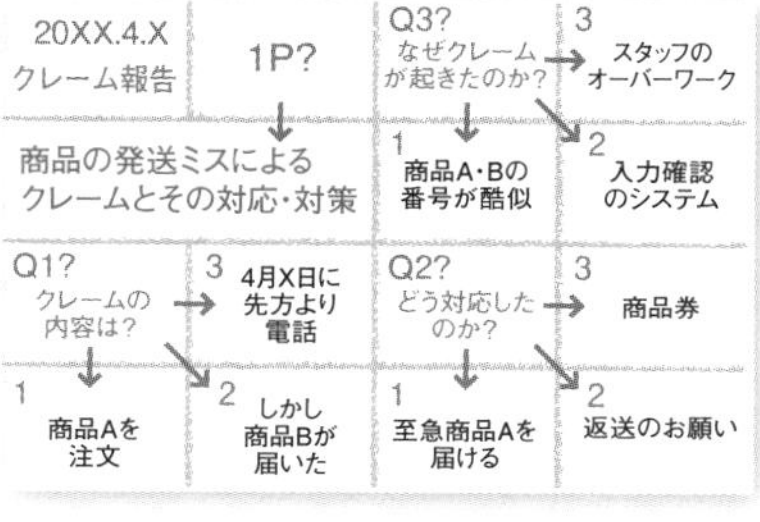

「Q1?」「Q2?」「Q3?」にそれぞれ「伝える相手が知りたい質問」を書き込みます。仮に上司にクレームの報告をする場合なら、「このとき上司はどんな質問をしてくるだろうか?」「上司は何を知りたいと感じるだろうか?」と考えるのです。

たとえば、

Q1?「クレームの内容は?」
Q2?「どう対応したのか?」
Q3?「なぜクレームが起きたのか?」

などが入るでしょう。

といっても、ここでうまく質問が思い浮かばない、という場合があるかもしれません。そんなときには、**「What?」「Why?」「How?」の3つの切り口**をヒントにします。

というのは、**人が何かを理解したいとき、あるいは疑問を解消したいときには、この3つについて知りたい場合が大半**だからです。

砕いた表現で書くなら、「ん、どういう意味？」「え、なんで？」「で、どうするの？」といったセリフになります。

先ほどの例でいうと、

Q1？「クレームの内容は？」は、「What？」
Q2？「どう対応したのか？」は、「How？」
Q3？「なぜクレームが起きたのか？」は、「Why？」

にそれぞれ対応しています。

ただ、必ず「What？」「Why？」「How？」の3つに対応する質問を投げかけなくてはいけない、ということではありません。

クレームの報告の場合なら、たとえば「Q3？」に入る質問として「なぜクレームが起きたのか?」よりも「今後、どのような対策をとるべきだと思うか?」という内容を優先的に聞きたいと考える上司もいるでしょう。

すると、質問は「How?」に対応しているので、「What?」の質問が1つ、「How?」の質問が2つになりますが、これでも問題ありません。**重視すべきなのは、「相手が知りたい質問であるかどうか」**です。

また、質問が4つ以上浮かんだ場合も、まずはトップ3を選んで、「ロジック3」の枠内でまとめるようにしてください。**相手が一度に受け取りやすく、あとになっても覚えていやすい数の基本は「3つ以内」**です。

一度に4つ以上伝えたら最後、もう相手はすべて覚えてはくれない、というくらいの心づもりでいたほうが、実際に相手に伝わる場面は各段に増やせると思います。

だからこそ、初めはたいへんかもしれませんが、〝急がば回れ〟です。「相手目線」で「3つ以内」に収まるよう考える思考整理の習慣を、この「ロジック3」で少しずつ磨いていってください。

❺「Q1？」～「Q3？」の答えを書き込む

ここで青色のペンに持ち替え、「Q1？」～「Q3？」の答えのフレームを埋めていきます。前述通り、ここも「3つ以内」というのがポイントですが、反対に3つも出ない場合は、無理してすべて埋めなくても結構です。

作成時間はテーマにもよりますが、合計3～10分程度。これで「ロジック3」は完成です。

この「1枚」を見ながら、あるいはそれぞれの職場で慣例的に使われている体裁に沿って、この「1枚」を資料化し、上司に報告したとしましょう。たとえば、次のような内容になります。

4月×日のクレームとその対応について説明します。
4月×日、お客様から「商品Aを注文したのに商品Bが届いた」とのクレームが電話で入りました。

丁寧にお詫《わ》びし、次の3点をお伝えしました。

1つめは、至急商品Aをお届けすること、2つめは、返品用の伝票を同封するので、その伝票を添えて商品Bを返送していただきたいこと、3つめは次回ご注文の際に利用できる商品券をおつけする旨です。

今回の発送ミスの原因は、次の3つです。

1つめは、商品Aと商品Bの商品番号が酷似しているため、入力ミスを招いてしまったこと。

2つめは、入力確認のシステムが、そうしたヒューマンエラーに完全には対応できていないこと。

3つめは、当該期間における受注・発送スタッフのオーバーワークです。

今後同じようなミスを起こさないために、○○日の会議で対策を検討する予定になっています。以上です。

いかがでしょうか。これが基本的な「ロジック3」の使い方です。

「エクセル1」も「ロジック3」もさまざまなケースに応用できますが、使い方の基本は変わりません。「資料作成そのものよりも、資料作成を通じた、あるいは資料作成前の『思考整理』が、伝わるかどうかの成否を決める」という本質にもとづいて考案したフレームワークです。前著を読んでいる人もそうでない人も、まずはこれらの基本を押さえておいてください。

※書籍では「エクセル1」と「ロジック3」しか紹介していないため、読者の方から「〝2〟はあるんですか？」「この数字は何ですか？」といったご質問をお受けすることがあります。結論から申し上げると、私が提唱する「〝伝わるカイゼン〟『1枚』フレームワーク」は大きく分けて9種類あります。その1番めと3番めの基本的なフレームワークが「エクセル1」「ロジック3」に対応します。詳しく知りたい方は、私のホームページやメールマガジンをご参照ください。

Chapter 2

「紙1枚」を使えばどんな資料作成も思いのまま

01

その資料をまとめるのは「何のため」か？

ここから、いよいよ「エクセル1《ワン》」や「ロジック3《スリー》」の実践例を紹介していきたいと思います。

情報を整理し、考えをまとめるコツをひとことで言えば、「人」と「目的」を意識して、アクションファーストで「とにかく書く」ことだと先にお伝えしました。

特に、**資料を作るときにはまず「人」と「目的」から**。

慣れてしまえばこれらのポイントを見失ったり、間違えたりすることも少なくなりますが、最初のうちは随時「読み手は誰か？」「目的は何か？」を確認するようにしたほうがよいでしょう。読み手と目的がはっきり定まれば、思考がシンプルになり、資料にどんな情報を入れ込むべきかも見えてきます。

ここでは「ロジック3」を使って、「人」と「目的」を明らかにする方法を紹介しましょう。

「ロジック3」で資料の目的を明らかにする

緑ペン　青ペン　赤ペン

❶「ロジック3」の基本フレームを作る

❷左上のフレームのテーマに、「資料の目的は？（何のためか）」と書く

❸「Q1?」〜「Q3?」の質問と答えをそれぞれ書き入れる（質問）／（答え）

「Q1?」は、「誰が読む？（誰のためか）」と緑色のペンで書きます。

読み手が上司など1人だけの場合は、左下の1つめのフレームのみ青色のペン

で埋めてください。クライアントの担当者とその上司など、読み手が複数になる場合は、主立った人から順番に3人まで選んで、別々のフレームを埋めていきます。

ただ、複数の場合でもキーパーソン（決定権を持つ人など）は誰かを想定し、「Q2?」以降では、基本的にその人が読み手だという前提で考えましょう。そうしないと思考整理がブレてしまいます。特に慣れるまでは、シンプルに考えていきましょう。

なお、もしどうしても複数人を想定したい場合は、「ロジック3」をもう1枚分書くようにしてください。2枚分書いても所詮10分程度です。こうした繰り返しの用途にも対応するため、「1枚」フレームワークはすべてシンプルな動作の組み合わせのみにしてあります。

「Q2?」は、「（読み手は）どういう状況?」と入れます。「（読み手は）何に困っている?」「（読み手は）何を知りたい?」などでもかまいません。

「Q3?」は、「（読み手が）どうなったらOK?」と入れます。「どんな心境に

「ロジック３」で資料の目的を明らかにする

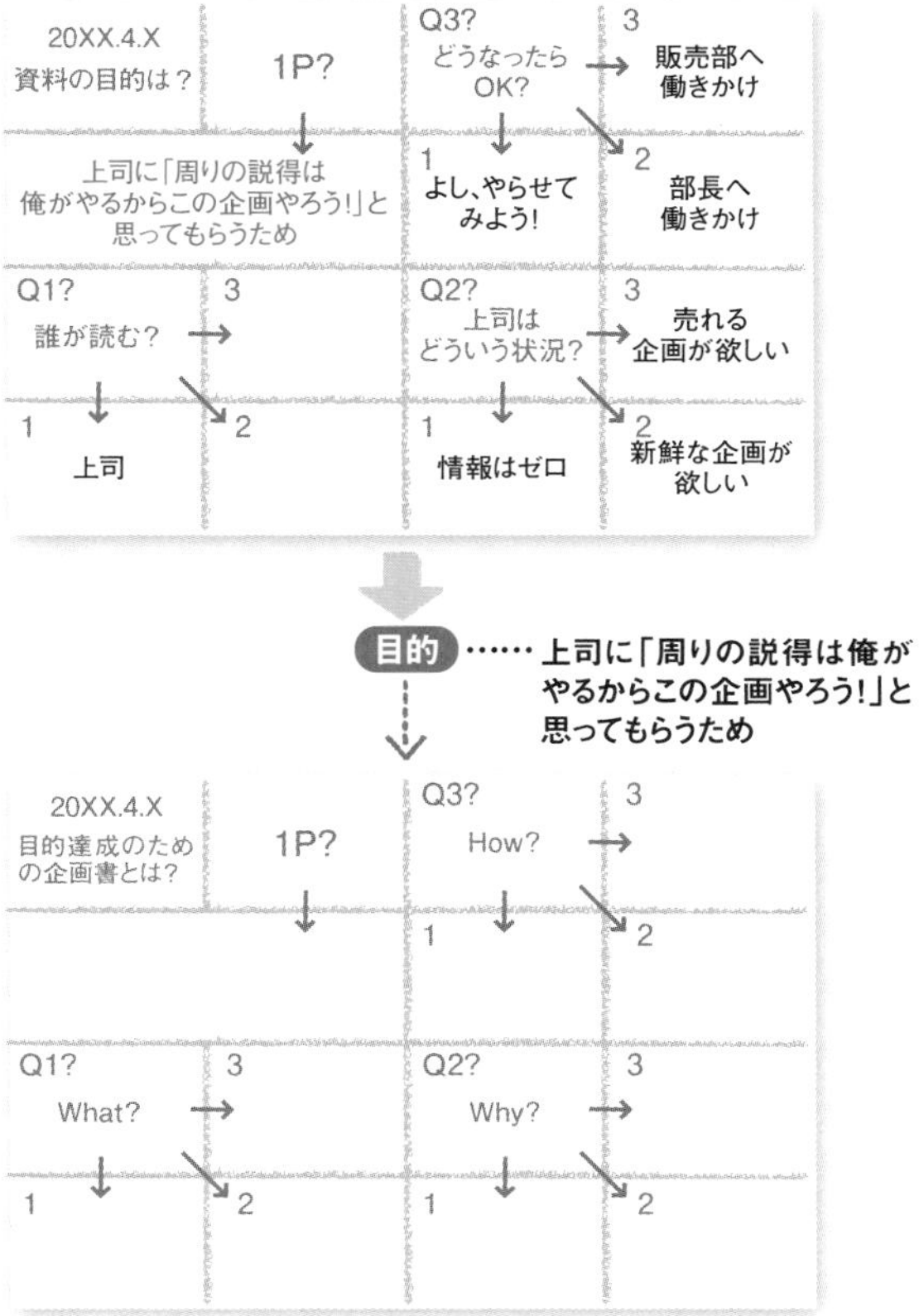

なったらOK?」などでもよいでしょう。要は、資料を読んだあとの読み手の反応・行動について考えます。

質問出しが完了したら、「Q2?」「Q3?」の答えをそれぞれのフレームに記入していきます。

❹「1P?」に全体のまとめとなる「ひとこと」を書く

最後に、「1P?」の空欄を赤色のペンで埋めます。

「ロジック3」の基本的な使い方では「1P?」のフレームを最初に埋めますが、ここでは「Q1?」〜「Q3?」のフレームを先に埋めてから、全体を振り返って「ひとことで言うと何か?」を導き出すとやりやすいでしょう。

この**「1P?」の答えが、資料を作る「目的」となります**。

企画書の中身を考える「ロジック3」をいきなり書けないという場合には、ぜひ、今回ご紹介した目的明確化の「ロジック3」をまず書いてみてください。

02

書類は「ツッコミリスト」から作りなさい

次は、「エクセル1」の実践例です。


「さて、読み手は何を知りたいだろう?」

「読み手はどんな〝ツッコミ〟を入れてくるだろう?」

「読み手はどんな疑問を持つだろう?」

私が何かの資料を作るとき、まず考えるのはこれらのことです。資料の読み手が何を知りたいのかを整理するのです。

私がトヨタで書類を作っていたときにも、常に考えていたのは読み手のことでした。

「部長はこの資料を見ながら何て言うだろうか……」「どんなことを聞いてくるだろうか……」と。

書類の文章を作るときも同じように読み手目線を意識して、たとえば「徹底する」と書きながら、「これだと『どう徹底するんだ?』と上司に突っ込まれそうだから具体案を書いておこう」と思い直して補足したり、「共有する」と書きながら「これだときっと部長に『どうやって共有するんだ?』と聞かれるな」と思い、「メールで共有する」と書き直したりしていました。

当然、打ち合わせはスムーズにいき、仕事もはかどりました。

このように、**書類を作るときには、常に読み手の立場に立つことが重要**なのです。

ただ、一般的なアドバイスではここで終わるケースが少なくありません。問題は「具体的に何をしたら『読み手の立場に立つ』ことができるか?」です。そこでこの疑問に答えるべく、私がおすすめしたい具体的な動作が**「ツッコミリス**

ト」を作ることです。

資料の作成にとりかかる前に、まずは徹底して「読み手が質問してきそうなこと」「読み手が知りたいこと」（要は、読み手が〝ツッコミ〟を入れてきそうなこと）を洗い出すのです。

方法は簡単。「エクセル1」を使って、「読み手が聞いてきそうなことは？」というテーマでどんどん書き出していきます。たくさん書き出しやすいよう、今回のフレーム数は細かめの32にします。

フレームを埋めようとすると、自《おの》ずと読み手の立場に立たなければなりません。

つまり、**「読み手の立場に立つ」という抽象的な動詞を、「ツッコミリストを作る」という具体的な動作に置き換えて実践することができる**わけです。

自分のことでさえたいへんなのに、頭の中だけで「相手がどんなことを求めているのか」と思い描くのは簡単なことではありません。相手が求めているもののうち、どれくらいの範囲を自分が把握できているのかがはっきりしないからです。

けれども実際に書いてみると、それが顕著にわかります。相手が求めているものはだいたいわかっているつもりだったけれど、実際に書いてみると2つしか書けなかった、などという場合もあります。仮に「相手の立場に立てた度」などという尺度を作ったとしたら、これでは「立てた度2」です。せめて「立てた度10以上」を目指しましょう。

このように、**「実際に書いて見える化する」という行動に価値がある**のです。

「ツッコミリスト」のフレームが埋まったら、赤色のペンに持ち替えて、「ツッコミ」に対する答えを書いていきます。

実際に「ツッコミリスト」のフレームを埋められたら、そのうちもっとも重要と思われる上位3つの内容を中心に、資料を組み立てることになります（左ページ参照）。

ここからさらに「ロジック3」を作り、Q部分に上位3つの「ツッコミ」を当てはめていけば、先ほどまでの実践例と組み合わせることも可能です。あとは、たとえば職場の資料の主流がパワーポイントなのであれば、「ロジック3」の内

「『1枚』ツッコミリスト」で読み手の立場に立って考える

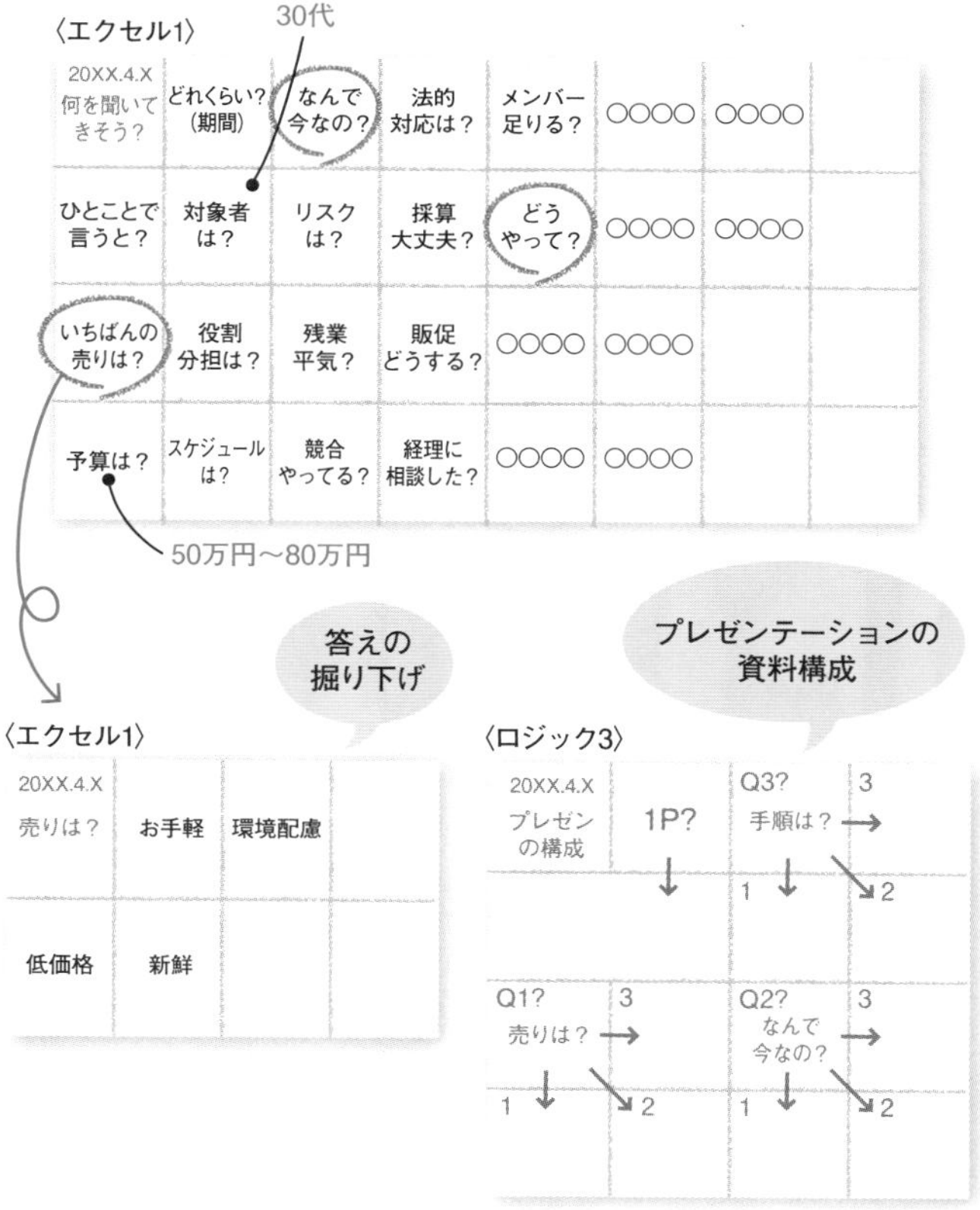

容をスライド化していけばよいわけです。

この思考整理→資料作成という流れでプレゼンテーションを行うと、「あまりにもすんなりと提案が通ってしまって拍子抜けした」などと受講者の方から言われることがあります。でも、私にとってこれは別段不思議なことではありません。

なぜなら、相手が特に聞きたい、知りたいと思っている質問を先回りして、あらかじめ明快に説明してしまっているため、相手がいわば「お腹《なか》いっぱい」の状態になるからです。**すでに満足してしまっているからこそ、それ以上〝ツッコミ〟を入れようとは思わなくなる**わけです。

だから、私はよく受講者の方に、「プレゼンテーションのときには、〝質疑応答ゼロ〟を目指しましょう、あっけないと感じるのがいちばんうまくいったときです」とお伝えしています。

一般的に質疑応答で活発な質問があったほうがよい、ともいわれますが、「紙1枚」レベルの思考整理を駆使したプレゼンテーションの世界観は少し異なります。事前にポイントとなる疑問を考え抜き、発表時にカバーしてしまうことで、相手が質問しなくても満足できる状態にすることが理想なのです。

03

「相手が何を知りたいか」がわかる「紙1枚」応用術

「質問が思い浮かびません」

「相手がどんな質問をしてきそうか、わかりません……!」

受講者の方には、「人（読み手）」を意識した資料作りを進める際、こうした悩みにぶつかってしまう人も数多くいらっしゃいます。

先に紹介した「ツッコミリスト」を作成しようとして、フレームを1つも埋められない、また「ロジック3」でも、資料の読み手が聞いてきそうな質問を考える段階で質問が出てこない、という状況です。

「質問が思い浮かばない」「相手がどんな質問をしてきそうかがわからない」と

「相手に関心を持つ」ことが資料作成の出発点

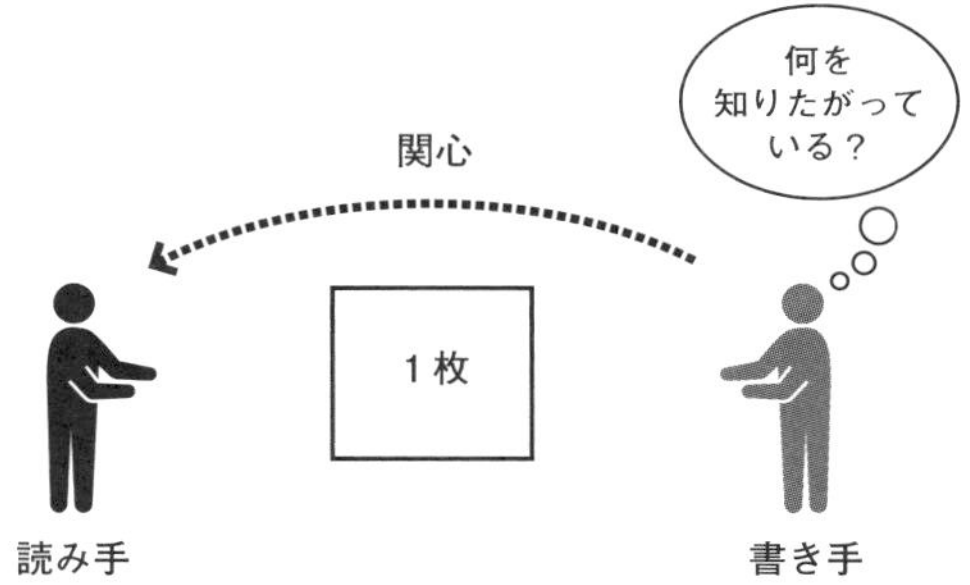

いうのは、自分中心のコミュニケーションから脱しきれていない状態の表れともいえます。

ではどうすれば、相手目線になれるのでしょうか？

その答えをひとことで言えば、**相手への関心を持つ**ことです。相手に関心を持ち、相手のことが少しでもわかってくれば、相手が資料を読むときにどんなことを質問してきそうか、どんなことを知りたがるかも見えてきます。

そして、そのために「1枚」フレームワークを活用する方法があります。活用しないと動作を伴わない動詞のままで終わってしまうため、現実は変わっていきません。

ここでは「エクセル1」を応用します。

「エクセル1」で相手に関心を持つ

緑ペン　青ペン　赤ペン

❶「エクセル1」のフレームを書く

左図のようにフレーム数32で「エクセル1」を作ります。

❷日付とテーマ、「Q?」「A?」と書く

「エクセル1」の基本的な使い方と同じように、左上のフレームに日付とテーマを書きます。ここでは、関心を持つ対象が上司である場合を想定して、テーマは「○○さん（上司の名前・または役職）とは?」とします。

「相手に関心を持つ」ための「エクセル1」応用術

20XX.4.X ○○さんとは？	A?	Q?	A?
何歳？	45歳	部下によく 注意する点は？	○○○○○○
家族は？	5人	仕事での こだわりは？	○○○○○○
子どもは？	中3の男の子 小6の女の子	○○○○○○	○○○○○○
出身地は？	愛知	○○○○○○	○○○○○○
前職は？	営業	○○○○○○	○○○○○○
趣味は？	ゴルフ		
口癖は？	「難しいな……」		

疑問を書く（青ペン）　答えを書く（赤ペン）

加えて、今回のケースでは、「エクセル1」の3列目いちばん上の行に「Q？（質問文は？）」、2列目と4列目のいちばん上の行に「A？（答えは？）」と緑色のペンで書きます。

❸1列目と3列目のフレームに疑問を書く

1列目と3列目のフレームに、青色のペンで、上司に関する疑問を思いつく限り記入していきます。

「何歳？」「家族は？」「子どもは？」「出身地は？」「前職は？」「趣味は？」など思いついたものを何でも書いていき

ましょう。仕事とは無関係のものでもOKです。

書き込むときには、必ず疑問形にするのがポイントです。疑問形にすることで、思考が上司に興味を持つ方向に動き出します。

疑問がいくつも出てきたら、徐々に仕事関係のものにも意識を向けてみましょう。「打ち合わせ中の口癖は？」「仕事で怒るポイントは？」「部下に注意するときは、仕事のどういう点が多いか？」「仕事でのこだわりポイントは？」などです。

❹2列目と4列目のフレームに疑問への答えを書く

ひと通り疑問が出揃《でそろ》ったら、次は2列目と4列目のフレームに、赤色のペンで疑問に対する答えを書いていきます。

すべて埋まらなくてもかまいません。その時点でわかるものだけを書いていき、わからない部分のフレームは、今後わかった時点で随時埋めていけばOKです。

上司のふだんの言動をよく観察したり、話す機会があったときに何気なく質問したりして、わかったタイミングで1つひとつ埋めていきます。

このように、「人に関心を持つための1枚」は、一気に仕上げる必要はありません。フレームを書き、埋められるところまで埋めたらいったん「保留」にします。そして、日々の中で新たな疑問が出てきたり、疑問が解消したりしたときに、その都度書き足していけばよいのです。

この一連の動作を実践していけば、それはそのまま「人に関心を持つ」ことにつながります。

さて、ここまで読み進めてみて、人によっては、「なぜこんな面倒なことをするのか?」と疑問を感じているかもしれません。しかし、こうやって「気軽に手を動かして行動できる＝動作になっている」ことが、「わかっておしまい」にしないためには不可欠なのです。

ちなみに、ふだんワークショップなどを行っていてもっとも大きな反響をいただくのが、この**「動詞の動作化」**という話です。いかに今のビジネス環境に行動を伴わない「動詞」があふれているのか、そして、そのことに対して内心もどかしさを感じている人がどれだけたくさんいるのか。

「読んでいるだけ」の姿勢を貫いていると、こうした「動作化」の価値はなかなか実感できないと思います。今後、「相手に関心を持つってどうやるんだ?」とフリーズする場面に遭遇したら、そのときが千載一遇の実践のチャンスです。ここでご紹介したことを、ぜひ体感してみてください。

04

資料の伝わりやすさは「見た目」が9割

話は少しそれますが、数年前から、私はなるべくピンク色をはじめとした「明るい色」の服を着るようにしています。

ある著名な実業家の方が、講演で「商人《あきんど》なら、人を明るくする色の服を着なきゃダメだよ」といった趣旨の話をされていたのがきっかけです。

それまで、自分の「見た目」は自分のために気にするものだと思っていた私は、相手を明るくするために自分の見た目を決める、という価値観を、そのとき初めて知りました。

この、**「相手のことを考えた見た目を心がける」**という考え方は、「トヨタの1

枚」にも通じます（だからこそ、この実業家の方のお話がとても響いたともいえます）。

「トヨタの1枚」のいちばんの特徴が、A4またはA3サイズの紙1枚に収められていることだというのは繰り返しお伝えしてきた通りですが、この**「1枚」という見た目が、そもそも読み手の負担感を減らす助けを果たしている**のです。

数ページにわたる資料と、紙1枚の資料を渡されたとしたら、どちらのほうが「すぐに読もう」という気になるでしょうか？　当然、「1枚」のほうではないでしょうか？　枚数が多いと、たとえ仕事で必要だとしても、読むのが面倒だからと後回しにしてしまう。それが、機械ではなく人の心というものです。

こうした「〃読み手思い〃のトヨタの1枚」の特徴をあらためて整理すると、大きく次の3つに絞られます。

(1) ひと目で全体が見える（一覧性）

A4またはA3サイズの用紙「1枚」に情報がまとまっているため、ひと目で全体の情報量がわかり、情報の関連性も視覚的にわかるようになっています。

(2) 枠がある(フレーム)

紙面の情報がカテゴリーごとに枠で囲まれています。これによって読み手は、1つのテーマがどこで始まり、どこまで続いているかがひと目でわかります。

(3) 枠ごとにタイトルがついている(テーマ)

枠の上には、その枠内に何が書かれているかを示すタイトルがついています。枠内に何が書かれているかがひと目でわかります。

また、(2)の「フレーム」と組み合わせると、どういう構成・ストーリーで資料を組み、これからこの資料をどう説明していくつもりなのか、あるいは読み手にどう読んでほしいのか、という「思考の道筋」も一見して把握することが可能となります。

先ほどまで「エクセル1」や「ロジック3」の実践例を紹介してきましたが、それらの思考整理を資料化する際にも、この3要素を意識すれば「伝わりやすい」資料を作成することができます。

むしろ、これら3要素を材料に、シンプルな思考整理法へと変換したのが「エクセル1」や「ロジック3」なのです。

前回の実践例までは思考整理に特化してご紹介してきましたが、これら3要素は実は読んでわかるのではなく「見てわかる1枚」にするための仕掛けとしても大活躍します。どれもシンプルな仕掛けですが、この3つを守るだけで、見た目に何倍もわかりやすい書類に仕上がります。

現在、私がワークショップや研修用に書類を作るときには、これらの3つのポイントを守ったうえで、さらに細かい**「見た目」の工夫**を独自に加えています。

たった「1枚」だとしても、同じ書体、同じ太さの文字がびっしり並んだ資料は、読み手を飽きさせてしまいます。読み手は資料の文字を追いながら「つまらない」「飽きた」などの感覚を抱くでしょう。それをできるだけ避けるために、資料の見た目に〝緩急〟をつけるのです。

具体的には、**「文字の色を変える」「太字・下線を使う」「写真・図表を入れる」という3つの方法**を使います。

書類全体をパッと見て「黒い（＝文字が多い）な」と感じるときには、キーワードと数字を中心に文字の色を赤にします。

また、特に強調したい箇所は文字を太字に、その中でもさらに強調の度合いを高めたいときには、太字に下線を加えます。太字にするときには、同じ書体だとあまり差が出ず、目立たないため、書体自体を変えることもあります（ちなみに、エクセルやパワーポイントなどのパソコンソフトをよく使う方のために私の場合の使用例を補足しておくと、通常は「ＨＧＰゴシックＭ」、太字は「ＨＧＰ創英角ゴシックＵＢ」という書体を使っています）。

ただしこれは、パソコン上で文字を選び、１つひとつ書体を変換していかなければならず、少々面倒な作業です。でも、手間がかかるからこそ、作業をやりながら「ここは大きくしよう」「ここはさほど重要でないから太字にするのはやめよう」など、資料の内容をもう一度見直し、より考え抜かれた、わかりやすい資料へとブラッシュアップすることが可能となります。

さらに、視覚的な情報を補足したり、より見やすくしたりするうえで効果的な場合は、写真や図表も入れます。

ひと通り「見た目」を整えたら、全体のバランスを見て、黒色が固まって見えるところはないか、強調箇所が一部に偏っていないか、などをさらに確かめます。

見た目に偏りがあると、たとえば黒色文字だけが続く箇所について「ここは重要でないのでは？」などと思われ、読み飛ばされる恐れがあるからです。

それを避けるために、あえて積極的に赤色文字の部分を増やしてバランスを整える場合もあります。ただ、資料作成に時間をかけすぎてしまうのは本末転倒ですので、できる範囲で少しずつとり入れていってください。

最後に、ここまで読んで勘違いする方がいらっしゃるかもしれないので、もう一度繰り返しておきます。

「太字などを用いた強調」について説明してきたわけですが、ともすると「何を当たり前のことを」と感じられるかもしれません。けれども、このパートで焦点を合わせてほしいのは、こうした表面的なテクニック（Ｈｏｗ？）よりも、その理由（Ｗｈｙ？）のほうです。

この項の冒頭の話を思い出してください。「自分の資料がどう見えるか？」ではなく、「相手が気持ちよく読める資料はどういう『見た目』になっていたらいいか？」が、こうしたテクニックを使う際の動機です。

これまで1万名を超える受講者の方にお会いしてきましたが、この「自分ではなく、相手のために」という部分が抜け落ちている方が本当に多い、というのが実情です。

「たかが太字、されど太字」。ぜひ、「自分がどうスマートに伝えるか」ではなく、「相手目線でどう見栄えを向上させるか」という観点で、ここまでご紹介してきた工夫を実践してみてください。

05

「まとめ直し」のひと手間が仕事をスピードアップさせる

取引先などから渡された資料をいざ読んでみて「わかりにくい」と感じたことはないでしょうか。

こんなときに私が実践を心がけていたのが、**「資料自体を新たな『1枚』にまとめ直す」**ことです。

トヨタに勤務していたとき、広告代理店など他社からのプレゼンテーションを受けることがよくありました。プレゼンテーションを直接受けるのは実務担当者のみですが、その内容を踏まえて一定の結論を出し、仕事を先に進めるには上司の決裁が必要となります。

決裁を得るには、上司に対して、他社が行ったプレゼンテーションの内容をあらためて説明する必要がありました。

こういうとき、私は**受け取ったプレゼン資料をそのまま使うのではなく、「上司に説明する用」として、受け取った資料を「1枚」にまとめ直し、それを使って説明していました**。

なぜなら、そもそもプレゼンテーションで使われる資料は、担当者同士がやりとりするためのものに仕上がっているため、担当者同士で自明な情報については、わざと省かれている場合が多いのです。

にもかかわらず、取引先から渡された資料をそのまま使い回して、上司の決裁を仰ぐ――そんな働き方をして失敗している人が決して少なくないようです。

たとえば、「ホームページのリニューアル」に関するプレゼンテーションが行われるとしましょう。

このときに使われる先方からのプレゼン資料には、「なぜ、ホームページをリニューアルするのか？（目的）」などの基本情報は、両者が了解済みのため、載っていません。プレゼンテーション段階の資料では、あらゆる前提情報が省かれ、A案、B案、C案など、具体案のみが書かれていることもあります。

つまり、**担当者以外の人から見ると「穴だらけ」の資料が使われている**のです。「穴だらけ」の資料を見せて決裁を仰いだとして、果たして上司の立場からスムーズな判断を下せるでしょうか。その場で口頭の説明をするなどして補えればよいかもしれませんが、そのための十分な時間をとれない場合もあるでしょう。打ち合わせ時間をあらかじめ30分確保していたのに、前の案件が長引いて当日は10分になってしまった、などということも起こりうるはずです。

ここで上司にうまく伝わらないがために、「もう一度代理店の人を呼んでプレゼンテーションしてもらえ」などと言われてしまうこともあるかもしれません。これでは仕事は前に進むどころか、かえって後退していくばかりです（上司だけでなく、代理店の人たちの貴重な時間まで奪ってしまいます）。

そこで私は、他社から受け取ったプレゼン資料がわかりにくい場合、自分でまとめ直す作業を行っていました。「リニューアルの目的」などの省かれている情報を補い、上司がその「1枚」を見れば、その仕事のこれまでの流れと現状がわかるようにしました。**作り方のコツは、前述の通り「一覧性」「フレーム」「テーマ」の3要素**です。

ただ、これは一見、面倒な作業に思えるかもしれません。しかし、まとめ直しの作業をすることで、自分自身もプレゼンテーションの内容をどこまで理解できているかを確認することができます。

100パーセントわかったつもりでいても、実際に手を動かして「まとめ直し」をするうちに、案外、不明瞭な点が見えてくることがあります。このような場合に、先方にもう一度内容を確認し、自分の理解度を深められるのです。

これは、トヨタでよく使用されている**「当事者意識を持つ」**という用語にもつながる実践例です。

自分が直接判断を下さないような場合、自分が進めている仕事であるにもかかわらず、どこかで責任を手放して、他人に委ねてしまうようなことが起こりえます。先方のプレゼンテーションに多少曖昧なところがあってもよしとして済ませたり、わかりにくい資料を、そのまま社内でも使ってしまったりするのです。

「当事者意識を持つ」というのは、こうした状況を防ぎ、1つひとつの仕事を自分のものとして、責任を持って引き受けるということでしょう。**資料の「まとめ直し」という動作を通じて、動詞表現である「当事者意識を高める」が実践できるのです。**

また、私の場合、**一見手間が増えてしまうように思えるこの作業が、かえって「時短」にもつながりました。**

わかりやすい「1枚」の資料を作ると、上司への説明がスムーズに進み、決裁を得るまでのスピードがアップします。資料をまとめ直すためにはたしかに一定の余分な時間を要しますが、それが一方で、説明時間や決裁を仰ぐまでの時間の短縮につながり、結果、1つの仕事を進めるうえで費やすトータルの時間を短縮できるのです。

「よくわからない」という人は、自分の時間に加えて、先に述べた「上司や取引先といった『他者の時間』をどれくらい奪ってしまうか？」という視点も入れてみてください。どちらが効率的か十分理解できると思います。

誰かから資料を受け取り、それが「わかりにくい」と思ったら、そのままないがしろにしたり、手直しを他人任せにしたりするのではなく、自分でまとめ直してみる。そのひと工夫が、仕事への当事者意識を高めるとともに、自分や相手の時間節約という特典までもたらしてくれるわけです。

06

「パワポ」V.S.「紙1枚」、資料に向いているのはどっち?

資料を「紙1枚」にまとめることをおすすめすると、「でも、うちの会社はパワーポイントが主流なんです」「パワーポイントで作った50枚のスライドを1枚にできますか?」といったコメントを聞くことがあります。

パワーポイントで作った資料を、プレゼンテーションの補足材料として使うだけでなく、配布資料としても使う会社は多いようです。

では、パワーポイントで作る資料と「紙1枚」にまとめる資料は、実際のところ何が違うのでしょうか?

パワーポイントで作る資料のよさの1つは、それが「ビジュアルエイド」の働

きをする点にあると私は考えています。

ビジュアルエイドとは、文章やスピーチの内容を理解しやすくするための文字通り「視覚的な補助」という意味です。たとえば、日本の人口減少率を説明する際、「2008年をピークに減少が始まり……」という文章とともに、それを示すグラフが一緒に示されれば、読み手の理解は一層増します。

また、新商品のプレゼンテーションをするときに「商品コンセプトは?」などの主題をスライドで見せておけば、話の内容が多少横道にそれたとしても、聞き手は「今は、商品コンセプトの話をしているのだ」とわかるでしょう。

パワーポイントで配布資料を作ると、たとえ図版やイラストなどが入っていなくても、テンプレートを使うことで資料全体の雰囲気がやわらかくなるなど、「読みやすい雰囲気」を作り出すことができます。

一方で、パワーポイントで作る資料には、「全体の構造が読み取りにくい」、すなわち「一覧性がない」というデメリットも潜んでいます。

パワーポイントで作る資料は、1枚当たりに入れる文字量は少なくする傾向があるため、どうしても総ページ数が増えてしまいます（文字量が多くなると、「ビジュアルエイド」という本来の目的が機能しなくなり、本末転倒が起こります）。このためスライドが増えれば増えるほど、各ページの情報が全体のどこに位置するのか、各ページの情報同士の関係性がつかみにくくなるのです。

全体構造が読み取りにくいというのは、思った以上に大きな欠点です。

たとえば、多くの人物が登場する小説やテレビドラマなどの解説に出てくる「人物相関図」を例に考えてみましょう。人物相関図は、そこに登場する人物全員の関係性がひと目でわかる作りになっています。

もしこれが、「人物AはBが好き」「BはCが好き」「DはAが好きだったけど、今はCが好き」などと、人物ごとにそれぞれパワーポイントのスライド20枚くらいで説明されていたらどうでしょう。読み手は、頭の中で個別の情報をつなぎ合わせて全体図を作る、という作業をしなくてはなりません。

また、人物相関図で全体が見えれば、「とりあえず主人公周辺の人間関係がい

「1枚」にすると全体構造がひと目でわかる

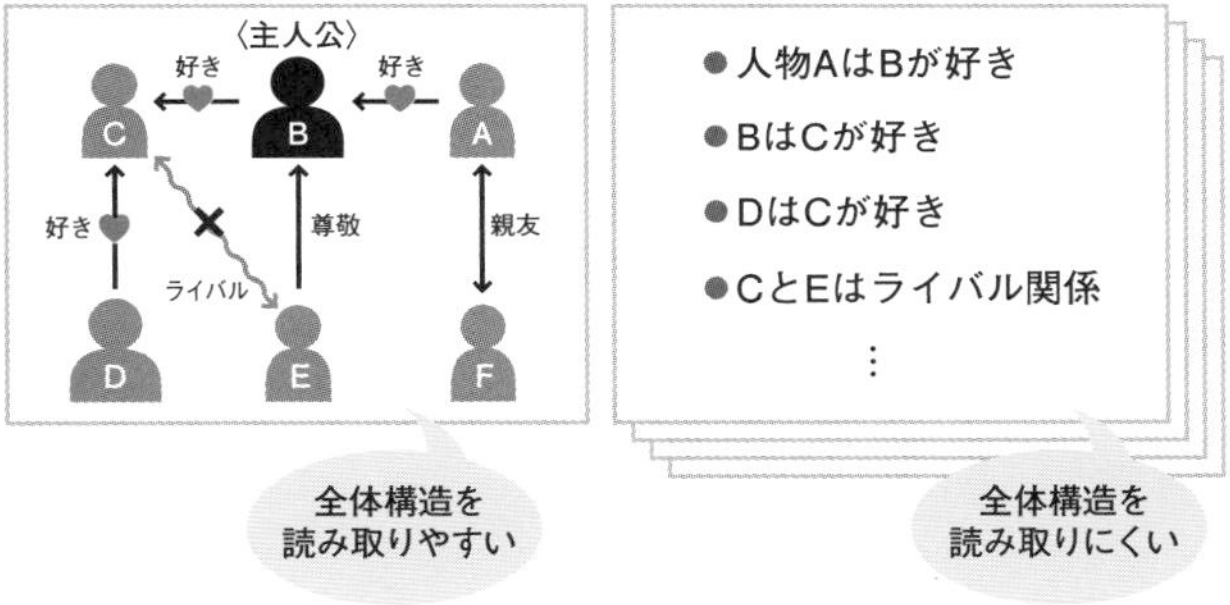

ちばん重要そうだから押さえておこう」「主人公との関係は薄いけれど、この人はキーパーソンっぽいのでチェックしておこう」というように、情報の重要度がわかります。

さらに、登場人物全体の人数（＝全体の情報量）があらかじめわかる、というのも大きな特徴です。

聞き手や読み手にとって、全体の総量がわからないまま情報を示されるのは、ゴールが何キロ先にあるかわからないマラソンコースを走らされるようなもの。情報の聞き手や読み手にとっては大きなストレスになります。

このように「全体構造を読み取りやすいかどうか」は、わかりやすい資料作りの大きなポイントなのです。「1枚」資料のメリットの1つが、「一覧性」にあったことをあらためて思い出してみてください。

さて、ここまでパワーポイントで作る資料と「紙1枚」の差を説明してきました。

少し補足しておくと、私は決して「1枚」原理主義者ではありません。パワーポイントによる紙芝居形式の会議が主流の会社で、読者であるあなた1人だけに、「1枚」資料で孤軍奮闘してもらうつもりも毛頭ありません。

資料が「1枚」になるかどうかは、あくまでも「手段」であり「結果」です。

大切なのは資料作成の「過程」で行われる、思考整理という「目的」の達成です。

「うちはパワポだから」「分厚い資料のほうが評価される職場環境だから」といった表面的なところで、頓挫してほしくない、本質を見失ってほしくない――だからこそ、私は「1枚」資料作成法ではなく、「1枚」思考整理法として、「エクセル1」や「ロジック3」をご紹介しています。

ふだん受講者の方の中にも、「うちの会社の資料が『1枚』になるかどうか？」という表面的な観点から、私のところに相談に来る方がいらっしゃいます。

そうした方には、まずこのような「手段」レベルの問いの立て方自体に疑問を投げかけ、そこから相談の「目的」自体を深掘りするようにしています。本質の部分を押さえないまま「1枚」化を推進しても、かえって形骸化を招くだけだからです。

最後に「百聞は一見にしかず」ということで、企画書のサンプルを、パワーポイントと「紙1枚」でそれぞれ作ってみました（110、111ページ参照）。内容はまったく同じです。「エクセル1」や「ロジック3」といった思考整理法が決して資料の形態には依存しないこと、あるいは「見やすさ」「読みやすさ」「わかりやすさ」の違いなどについてどう感じるか、ご自分の目で見比べてみてください。

「紙１枚」で資料作成した場合

〈ロジック3〉

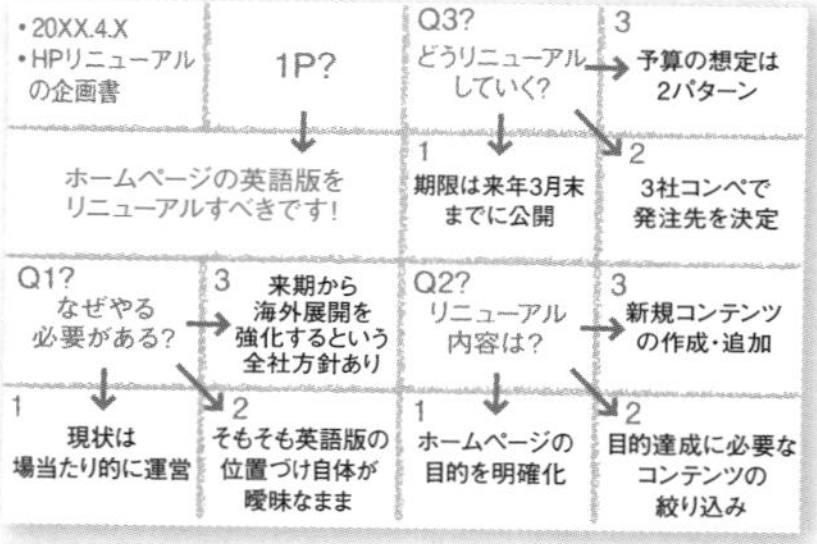

・20XX.4.X
・HPリニューアルの企画書
1P?
ホームページの英語版をリニューアルすべきです!
Q3? どうリニューアルしていく?
3 予算の想定は2パターン
1 期限は来年3月末までに公開
2 3社コンペで発注先を決定
Q1? なぜやる必要がある?
3 来期から海外展開を強化するという全社方針あり
1 現状は場当たり的に運営
2 そもそも英語版の位置づけ自体が曖昧なまま
Q2? リニューアル内容は?
3 新規コンテンツの作成・追加
1 ホームページの目的を明確化
2 目的達成に必要なコンテンツの絞り込み

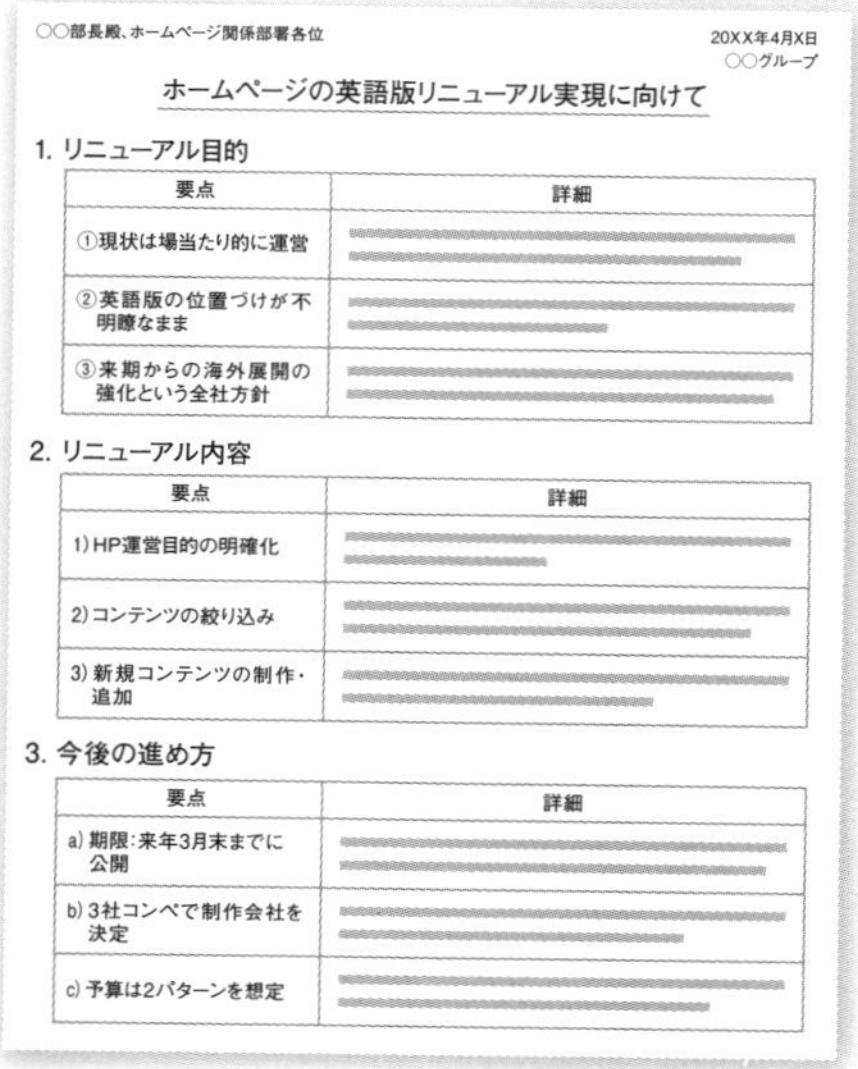

○○部長殿、ホームページ関係部署各位

20XX年4月X日
○○グループ

ホームページの英語版リニューアル実現に向けて

1. リニューアル目的

要点	詳細
①現状は場当たり的に運営	
②英語版の位置づけが不明瞭なまま	
③来期からの海外展開の強化という全社方針	

2. リニューアル内容

要点	詳細
1) HP運営目的の明確化	
2) コンテンツの絞り込み	
3) 新規コンテンツの制作・追加	

3. 今後の進め方

要点	詳細
a) 期限：来年3月末までに公開	
b) 3社コンペで制作会社を決定	
c) 予算は2パターンを想定	

「パワーポイント」で資料作成した場合

ホームページの英語版
リニューアル実現に向けて
20XX年4月X日
○○グループ
1／17
本資料の構成
1. リニューアル目的
2. リニューアル内容
3. 今後の進め方
2／17
本資料の構成
1. リニューアル目的
2. リニューアル内容
3. 今後の進め方
3／17
1. リニューアル目的
①現状は場当たり的に運営
②英語版の位置づけが不明瞭なまま
③来期からの海外展開の強化という全社方針
4／17
①現状は場当たり的に運営
5／17
②英語版の位置づけが不明瞭なまま
6／17
③来期からの海外展開の強化という全社方針
7／17
本資料の構成
1. リニューアル目的
2. リニューアル内容
3. 今後の進め方
8／17
2. リニューアル内容は3つ：
①HP運営目的の明確化
②コンテンツの絞り込み
③新規コンテンツの制作・追加
9／17
①HP運営目的の明確化：
10／17
②コンテンツの絞り込み：
11／17
③新規コンテンツの制作・追加：
12／17
本資料の構成
1. リニューアル目的
2. リニューアル内容
3. 今後の進め方
13／17
1. 今後の進め方：ポイントは3つ
①期限：来年3月末までに公開
②3社コンペで制作会社を決定
③予算は2パターンを想定：
14／17
①期限：来年3月末までに公開
15／17
②3社コンペで制作会社を決定
16／17
③予算は2パターンを想定：
17／17

この例のように、**メインの資料をパワーポイントで用意する必要がある場合、すなわち資料の「1枚」化が難しい場合でも、工夫の余地は十分あります。**「1枚」の本質の1つが「一覧性」ということさえつかめていれば、全体構造をわかりやすくするためにたとえば次のような工夫ができます。

- 1ページめのスライドに、全体の「もくじ」を入れる
- 途中、カテゴリーごとの「小もくじ」も入れる
- 各ページにページ数を入れる（1／10などのように、総ページに対するページ数を入れる）
- 各ページに「柱」（本でいうところの、左ページの上端などに記されている章タイトルをはじめとする情報）を入れる

これはあくまでも一例です。「一覧性」の不備をカバーするアイデアとして、参考となれば幸いです。

07

「1枚」資料作成術 その1 出張報告書をまとめる

さて、この辺りでもう少し応用的な資料作成の話についても、紹介しておこうと思います。

ビジネスパーソンが作る資料でもっとも多いのは報告書、というデータがあります。報告書にもさまざまありますが、多くの人にとって実際に書く機会があるのは**「出張報告書」**ではないでしょうか。

私もトヨタにいたときに、たびたび出張報告書を書く機会がありました。社内で取り交わされる資料がA3またはA4サイズの用紙1枚にまとめられているトヨタですが、**打ち合わせや会議の総数が多い出張の場合、報告書の総枚数が増えてしまうというのは当然ありうること**です。ただ、そんなときでもやはり、

「1枚」を効果的に使う余地はあります。

まず、**個々の打ち合わせや会議のまとめについては、しっかりと1枚に収めていくこと。**そして、**何枚かできた1枚をまとめた「サマリー（要約）」をつける**ことです。

私はいつも、たとえ報告書の枚数が多くなってしまった場合でも、冒頭に1枚、サマリーをつけるようにしていました。すべての書類に目を通さなくても、このサマリーを読めば、出張全体のおおよそのポイントはわかるようにしたのです。

なぜこのようなサマリーをつけるのかといえば、ここでも登場するのは、自分ではなく相手目線。すなわち、「忙しい読み手の時間を奪わないため」です。時々、「サマリーをつける＝自分のスマートさのアピールになる」といった認識の方にお会いします。そうした側面は確かにあるかもしれませんが、出発点が「読み手」ではなく「自分」となっている時点で、おそらくそのサマリーは読みやすいものにはなっていかないでしょう。

「1枚」サマリーを用意しようと思う動機は、あくまでも「相手のため」です。

ただ、急にサマリーを作ろうと言われても、やり方がわからず困惑するかもしれません。そこで使えるのが、「ロジック3」です。まずは個別の打ち合わせや会議の報告書から説明します。

「紙1枚」で出張報告書をまとめる

緑ペン　青ペン　赤ペン

❶「ロジック3」のフレームを書く

今回のケースでは、「1P？」はほかの部分を埋めてから考えるので、この時点では空白にしておきます。

❷「Q1？」〜「Q3？」をそれぞれ書き込む

Q1？……この打ち合わせ（または会議）の目的は？

Q2？……打ち合わせ（または会議）の成果は？

Q3?……（打ち合わせ・会議の内容を踏まえて）今後の予定は？

ついつい難しく考えがちですが、打ち合わせや会議の内容をまとめるというのは、煎じ詰めるとこの3つに集約されます。

確かに、「いつ（When?）」「どこで（Where?）」「誰が（Who?）」といった基礎情報も必要ではあるのですが、内容としての重要度でいけば、やはり「目的（Why?）」「成果（What?）」「今後（How?）」の3つです。「いつ・どこで・誰が」はあとで体裁を整える際に加えるとして、まずは本丸である「なぜ・何を・どうする」の観点から思考整理していきましょう。

❸「Q1?」〜「Q3?」の答えを書く

次に青色のペンに持ち替えて、「Q1?」〜「Q3?」の答えを記入していきます。空欄は3つずつありますが、「3つ以内」ですので、答えは1つでも2つでもかまいません。

「紙１枚」で出張報告書をまとめる

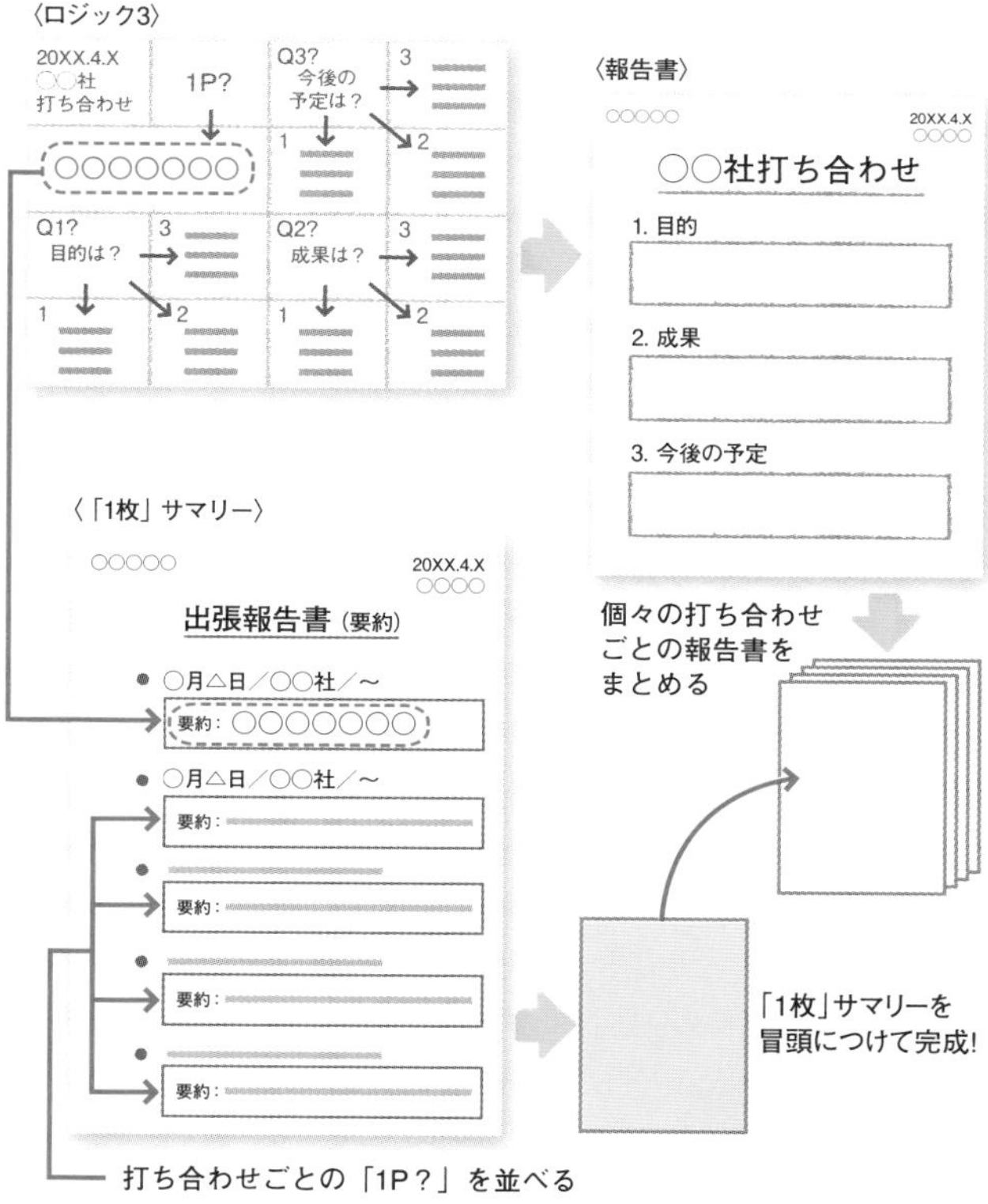
〈ロジック3〉
20XX.4.X
○○社
打ち合わせ
1P?
Q3?
今後の
予定は？
○○○○○○○
Q1?
目的は？
Q2?
成果は？
〈報告書〉
○○○○○
20XX.4.X
○○○○
○○社打ち合わせ
1. 目的
2. 成果
3. 今後の予定
〈「1枚」サマリー〉
○○○○○
20XX.4.X
○○○○
出張報告書（要約）
○月△日／○○社／～
要約：○○○○○○○
○月△日／○○社／～
要約：
要約：
要約：
要約：
個々の打ち合わせ
ごとの報告書を
まとめる
「1枚」サマリーを
冒頭につけて完成!
打ち合わせごとの「1P？」を並べる

❹全体をまとめる「ひとこと」を「1P？」に書く

全体を眺め、「ひとこと」で言い表せる言葉を考え、「1P？」の部分に赤色のペンで書き入れます。

これで、個々の打ち合わせの「出張報告書」の下地は完成です。

あとは、前ページの〈報告書〉の図のように並べ、「1枚」にまとめていきます。見た目も踏まえ、「一覧性」「フレーム」「テーマ」の3要素で資料化していきます。

最後に「1枚」サマリーを作っていきましょう。やり方はとてもシンプルです。

❺打ち合わせや会議ごとの「1P？」を、紙1枚にまとめて並べる

「サマリー」には、先ほど打ち合わせや会議ごとに作った「1枚」の中から、それぞれ「1P？」の部分を活用します。

まず、「1P?」に当たる部分だけを抜き出し、1枚の紙にフレームを作って並べたものに埋めてしまいます。あとは各「1P?」の前に「何月何日、どこで、誰と、どんなテーマで話した」といった基礎情報を数行加筆していけば、1枚のサマリーを作っていくことは十分可能です（A4が難しければA3「1枚」でもOKです）。

ここまでの実践例を通じて、「なんでもかんでも1枚化しよう」という〝原理主義〟から一度離れてみてください。「エクセル1」や「ロジック3」の汎用性の高さについても実感していただけたのではないかと思います。

08

「1枚」資料作成術 その2 会議や打ち合わせの事前準備

前項で、出張報告書は、会議や打ち合わせ1つにつき「1枚」を作り、それらを組み合わせた資料の冒頭に、サマリーとしての「1枚」をつけるとお伝えしました。

しかし、中にはそもそも会議や打ち合わせの「1枚」がうまくまとまらない、出張報告書をまとめる以前につまずいてしまう、という方もいらっしゃるかもしれません。

そんな方のための処方せんとして、ここからはさらに踏み込んだ応用例をご紹介します。**実は、「エクセル1」と「ロジック3」は、会議や打ち合わせのあらゆる段階で活用できる**ものになっています。すなわち、議事録など、会議や打ち合わせの内容をまとめる資料化段階はもちろんのこと、**事前の準備、また会議・打ち合わせを効率よく進行させるためのツールとしても使える**のです。

私が、単なる「資料作成術」として「1枚」を語らず、「思考整理術」として「1枚」フレームワークを体系化している理由は、こうした応用範囲・守備範囲の広さを視野に入れているからです。

それでは、ここから実際に、会議や打ち合わせの場面で「エクセル1」「ロジック3」を活用する方法をご紹介していきます。

まず、会議や打ち合わせの「準備」段階での使い方を見ていきましょう。

たとえば、社内で「残業削減」をテーマに会議が開かれるとします。会議ではおそらく、「どうしたら残業を減らせると思うか？」などと聞かれるはずです。ここできちんと答えられるように、「エクセル1」で準備をしていきます。

「エクセル1」で会議や打ち合わせの準備をする

緑ペン　青ペン　赤ペン

❶「エクセル1」のフレームを作り、テーマを書く

緑色のペンで「エクセル1」のフレームを書きます。フレーム数は、8・16・32のいずれでもかまいません。テーマには「どうしたら残業を減らせるか?」などと書きます。

❷テーマについて自分なりに思いつく案を書き出す

ポイントは前述の通りです。青色のペンでなるべく機械的に、淡々と埋めていくことがコツです。

❸「もっとも効果的な案」(3つまで)に○をつける

フレームが埋まったら、書き出した案のうち「もっとも効果的なアイデアはど

「エクセル 1」で会議や打ち合わせの準備をする

20XX.4.X どうしたら残業を減らせるか?	アフター5の社内飲み会を増やす	おいしいコーヒーマシンを導入	昼食は宅配弁当を共同購入する
業務分担の人数を増やす	昼休み中に仮眠の時間を設ける	メールシステムの一新	現在の仕事の状況について面接を行う
出勤時間を早める	立って仕事をする	回覧資料を1枚化	
定時になったらパソコンの電源を切る	残業時間が減ったら賞品がもらえる	部門長の定時退社をルール化	

➡ より多く印がついた案を前提に話し合う

れか？」を考え、赤色のペンで最大3つまで○をつけます。効果的かどうかの判断は主観でかまいません。特に客観的な定義があるわけではないので、「自分としてはこう考えました」ということが言えればそれで十分です。

❹「もっとも実行しやすい案」(3つまで)に△をつける

書き出した案全体をあらためて眺め、「もっとも実行しやすい案」を最大3つまで選んで△をつけます。ここも主観的な判断でかまいません。印を変えているのは、最初の質問と同じものを再度選んでも、そのことがひと目でわかるようにするためです。むしろ、積極的に印を複数回つけるくらいのつもりで、取り組んでみてください。

ここまでが、会議前にやる事前準備です。といっても、時間は3分もあれば十分なはずです。

さて、実際の会議で自分のアイデアとして積極的に出すべきはどれかといえば、できあがった「1枚」を見れば一目瞭然です。「○と△が両方ついたもの」、すなわち「効果的で簡単に実行できるもの」です。

仕事上の問題解決を考える場合に大事なのは、「効果が上がるかどうか」そして「実行に移せるかどうか」です。どんなによいアイデアに見えても、効果が出なかったり、実行が難しかったりするようでは意味がありません。そこで、出したアイデアを「効果的か」「簡単か」という2つの切り口からふるいにかけるのです。

会議の際、「○または△のどちらかがついたもの」は、それを前提に提案するとよいでしょう。つまり、「効果は限定的かと思われますが、こういう方法があります」「実行は簡単ではありませんが、こういう方法があります」などの言い方をするのです。ほかの出席者のアイデアや知恵が加わって「効果的で、実行しやすい案」に生まれ変わるかもしれません。

ちなみに、「効果的か」「簡単か」をビジネス表現で言うと、「実効性」「難易度」になります。この本では、なるべく堅苦しい「ビジネス表現」を避け、イメージがわきやすい、行動に移しやすい「カジュアル表現」を用いています（詳細は後述します）。

ところで、この方法はあまりに簡単なので、わざわざ「エクセル1」のフレームワークを行うまでもないのでは、と思う方もいるかもしれません。しかし「一覧性」「フレーム」「テーマ」の3要素の力、また、書くことや埋めることの効果は想像以上に強力です。

まず「エクセル1」のフレームを書くことで、思考のスイッチが入ります。『どうしたら残業を減らせるか？』を考えるために、紙1枚に書こう」と思い、緑色のペンを手に取って線を引き始めた瞬間から、頭がウォーミングアップを始めるのです。

また、フレームが書き上がると、それぞれのフレームの中の空白を何かで埋めようとして、さらに頭の回転が加速します。

前著でも書きましたが、**人は目の前に空白のフレームがあると、そこに意識が**

集中し、その中を埋めたいという心理が働きます。今回の場合なら、フレームを埋めるべく「どうしたら残業を減らすことができるだろう？」とフォーカスできるのです。

また、フレーム数が多ければ、「できるだけ多く埋めたい」と思う心理も働くでしょう。7、あるいは15の空白のフレームのうち、1つしか埋まっていなかったとしたら、その見た目が「もっとがんばれよ！」と励ますがごとく、思考を促してくれるのです。

逆に3つ、4つと、青色のペンによるキーワードでフレームが埋まってくると、頭を動かしたという実感がわいてきます。成果が目に見えると、さらにがんばろうという気にもなるでしょう。

わざわざ「紙1枚に書く」という動作は、ただ「考える」ことに比べれば面倒かもしれません。ですが、手を動かし、目を動かし、頭を動かすからこそ、漠然と考えているよりも、ずっと思考がクリアに働くのを実感できると思います。

09

「1枚」資料作成術

その3

会議の議事録を作る

続いて会議終了後に内容をまとめる「議事録」の作り方を見ていきましょう。

中身のある議事録にするには、何よりもまず会議に集中し、その内容を理解することが第一。けれども、「集中する」「理解する」といった動詞を動作化して行動に移すのは、「言うは易く行うは難し」のはずです。

そこで、これらの動詞を「『エクセル1』を書く」という動作に置き換えてしまうわけです。具体的な手順を説明しましょう。

「エクセル1」で会議の内容を整理する

緑ペン　青ペン　赤ペン

❶「エクセル1」のフレームを作る

会議の前に、あらかじめ「エクセル1」のフレームを準備しておきます。フレーム数は、会議の時間にもよりますが、ひとまず16用意するとしましょう。

❷会議中の発言を書き出す

会議が始まったら、議題や司会者、出席者などの発言を青色のペンでフレームに書き込んでいきます。発言は一字一句すべて書く必要はありません。あとで振り返ったときにわかる程度に省略して書きます。

また、余談や雑談など、会議の趣旨から明らかに外れている発言なども書かなくてよいでしょう（どうしても書きたくなるという場合は、あらかじめフレーム数を多めの32にしておいてください）。

❸発言の中で「ポイントになりそうなもの」を選んで○をつける

会議終了後、フレーム全体を眺めて「さて、今回の会議のポイントは何だろう?」と考え、該当するものに赤色のペンで○をつけます。3つ以内が理想です。

❹ポイントのまとめとなる「ひとこと」を書く

そして最後に、「今日の会議をひとことでまとめるとどうなるだろう?」と考えます。ここは自分で考えて作るところなので、余白などに書き込みます。

どうしても「ひとことでまとめられるフレーズが出てこない」という場合は、単に「ポイントは3つ」とまとめておけばOKです。

とても簡単な方法ですが、実際に会議の本番中に「エクセル1」を活用してもっとも役立つのが、「『紙1枚』にまとめる技術」の特徴の1つである**「一覧性」**です。

ふだん、会議の内容をメモするとき、小さな手帳やメモ帳などを使っていない

「エクセル1」で会議の内容を整理する

20XX.4.X 今日の会議の内容は?	業務内容の見える化	小さな効率化でOK	予算はあまりかけられない
残業代が増えている	社員同士のコミュニケーション	回覧資料の1枚化	半年に1回
昨年よりも業績が下がっている	業務の分担	定期的に振り返りを行う	次回の会議は○月△日
個々の仕事量は適正か?	時間短縮	部門長面談の実施	ほかの案もあれば

「仕事量適正化のために、半年に1回、部門長面談を実施する」

でしょうか。たとえば1時間の会議なら、そのメモは何ページにもおよぶはずです。会議の途中で、前に出た発言などを確認する場合は、わざわざページをめくってチェックしなければなりません。しかも会議中の時間経過は意外と感覚がつかみにくいので、確認したい発言がどこに書かれているかを見つけるのはひと苦労です。

一覧性のある「エクセル1」なら、会議の流れが「見える化」されているため、これらの問題を解消できます。また、会議の終了後、まとめ作業に入る際も、一覧性を備えていることが役立ちます。

議事録を資料として完成させる場合には、ここでさらに「ロジック3」を使います。

議事録は、会議に出席していなかった人が読んでも理解できるものにする必要があります。といっても、難しく考える必要はありません。会議がどういう目的で開かれ、どんな話し合いが行われ、どのような成果が出たのか、を盛り込めば

ＯＫです。

ここでは「残業削減」をテーマに会議が開かれたことを想定して、手順を説明しましょう。

「ロジック3」で会議の議事録をまとめる

緑ペン　青ペン　赤ペン

❶「ロジック3」のフレームを作り、テーマを書く
緑色のペンで「ロジック３」のフレームを書きます。テーマのところは、「残業削減」と書きます。

❷「3つの質問」をそれぞれ書き込む
Q1?……なぜ集まった？（どんな目的で会議が開かれたのか？）（→Why?）
Q2?……何が話された？（どんな話し合いがされたのか？）（→What?）

Q3?……今後どうする?（どのような対策をとることが決まったか?）（↓How?）

❸「Q1?」～「Q3?」の答えを書く

青色のペンに持ち替えて「Q1?」～「Q3?」のフレームを埋めていきます。

「Q1?」では、「メンバーの残業時間が多いから」「ほかの課の倍だから」「全社的な削減要請が出ているから」などが入るとしましょう。

「Q2?」では、先ほど「エクセル1」でまとめておいた「もっとも重要な意見トップ3」を入れます（多少表現を変えてもOKです）。

「Q3?」では、今後の具体的な対策など、会議の成果を確認します。

❹ポイントのまとめとなる「ひとこと」を「1P?」に書く

最後に全体をまとめるひとことを「1P?」に書きます（ここは、「エクセル1」のまとめの段階で考えたものと同じでもよいですし、「ロジック3」全体を

「ロジック3」で会議の議事録をまとめる

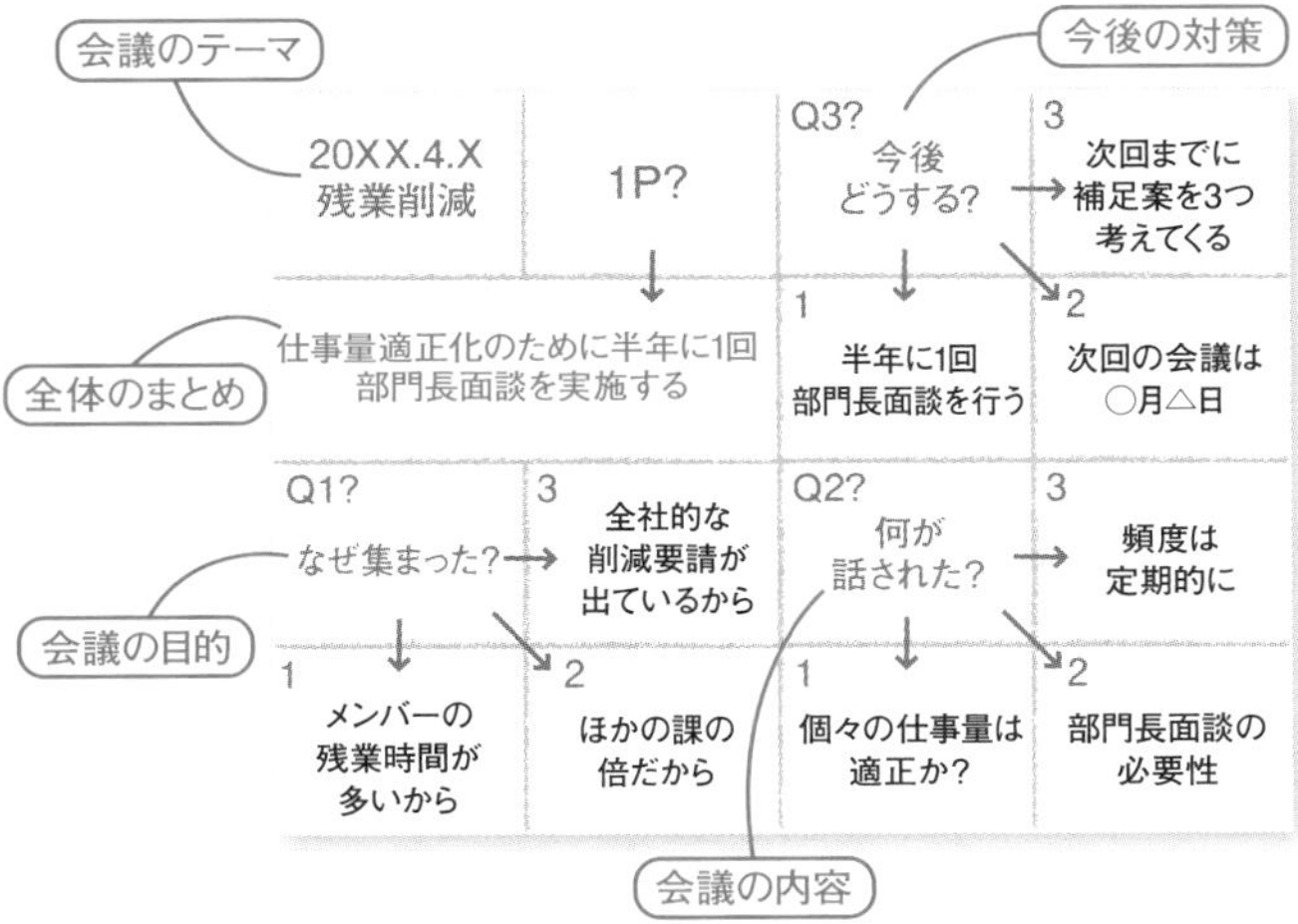
会議のテーマ
今後の対策
20XX.4.X
残業削減
1P?
Q3?
今後
どうする?
3
次回までに
補足案を3つ
考えてくる
全体のまとめ
仕事量適正化のために半年に1回
部門長面談を実施する
1
半年に1回
部門長面談を行う
2
次回の会議は
○月△日
Q1?
なぜ集まった?
3
全社的な
削減要請が
出ているから
Q2?
何が
話された?
3
頻度は
定期的に
会議の目的
1
メンバーの
残業時間が
多いから
2
ほかの課の
倍だから
1
個々の仕事量は
適正か?
2
部門長面談の
必要性
会議の内容

踏まえた別のものでもかまいません)。

ところで、この「ロジック3」による思考整理の結果を議事録として資料にまとめる際、「会議の結果を冒頭にいきなり書くのはうちの会社の資料ではちょっと……」という受講者の方が意外と多くいらっしゃいます。

私としては「伝わる」ことが目的なので、「1P?」の部分を最後に持ってきてもらっても一向にかまいません。中には、「ひとことにまとめた表現は口頭で言いたいので、議事録の資料上にはそもそも『1P?』を書かない」という方もいらっしゃいました。

ちなみに、前項までにご紹介した「ホームページのリニューアル」の企画書の例では、資料のタイトルに「1P?」を入れました。大切なのは、それが実務上「機能する1枚」となるかどうかです。最終的には個別の状況によりますので、「伝わるかどうか」を判断基準に、臨機応変に調整してください。

10 ムダな話し合いを回避する「1枚」会議進行術

最後に、「1枚」会議術とでもいうべき応用例を扱います。

というのも、**会議の終了後にいざ「ロジック3」で議事録を作ろうとしたときに、うまくいかない場合がある**のです。

実際の会議の内容が本来の目的とずれてしまっていたり、結局、具体的なアイデアは何も出なかったことなどが判明したりして、「議事録に書くことがない！」となったときです。あるいは、そもそもなんのために集まった会議だったのかすら、よくわからない、というケースもあります（結構あります）。あなたも、そうした会議に心当たりはないでしょうか。

そこで、こうした**「議事録作成不能会議」の発生そのものを未然に防ぐために、**

会議の進行自体に「エクセル1」「ロジック3」を活用する方法を紹介しましょう。

ここでは、会議の進行役が「エクセル1」と「ロジック3」を用意します。

先ほどの例と同じように、「残業を削減するためにはどうしたらいいか?」というテーマで、会議が1時間開かれることを想定して説明していきます。

「1枚」で会議の進行を管理する

緑ペン　青ペン　赤ペン

❶「エクセル1」と「ロジック3」の基本フレームを用意する

進行役は、会議が始まる10分ほど前に「エクセル1」と「ロジック3」のフレームを用意します。通常は紙に書きますが、この場合は会議室のホワイトボードなど、会議の出席者全員が見えるところに大きめに書くイメージで捉えてください。大きめのホワイトボードを真ん中で2つに分け、左半分に「エクセル1」、右半分に「ロジック3」を書いておくイメージです。

「エクセル1」のフレーム数は、会議の内容や出席者の人数などによって臨機応変に変えてよいですが、ここでは仮に16フレームにしておきましょう。

「ロジック3」には、あらかじめ「3つの質問」として、「Q1?」に「なぜこの会議を開くことになったのか?」、「Q2?」に「この会議でどのような意見が出たか?」、「Q3?」に「この会議で、具体的に今後どうすることが決まったのか?」といった内容を示す短文を書きます。会議を始める前に、会議終了後のまとめの質問を先回りして書いてしまうわけです。

ちなみに、緑色のホワイトボードマーカーがない会議室も多いと思いますので、なければ黒で代用してもらってもかまいません。ただ、大した費用ではありませんので、緑を購入されることをおすすめします。

❷「ロジック3」の「Q1?」について話し合い、埋めておく

会議が始まったら、まずは冒頭の3分ほどで「ロジック3」の「Q1?」部分を出席者とともに埋めていきます。「Q1?」は会議の「目的」の部分です。会

「1 枚」で会議の進行を管理する①

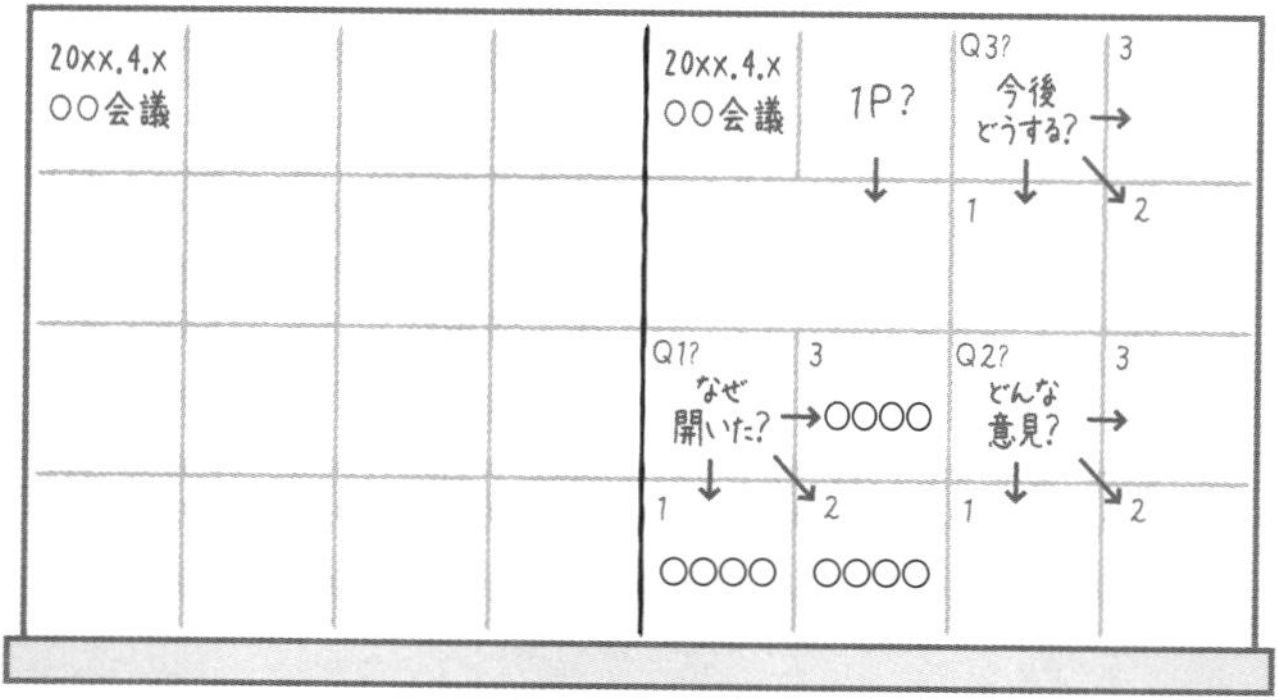

❶ホワイトボードの左半分に「エクセル1」、
右半分に「ロジック3」を作る

❷「ロジック3」の「Q1?」の答えを
最初に話し合って記入しておく

「1枚」で会議の進行を管理する②

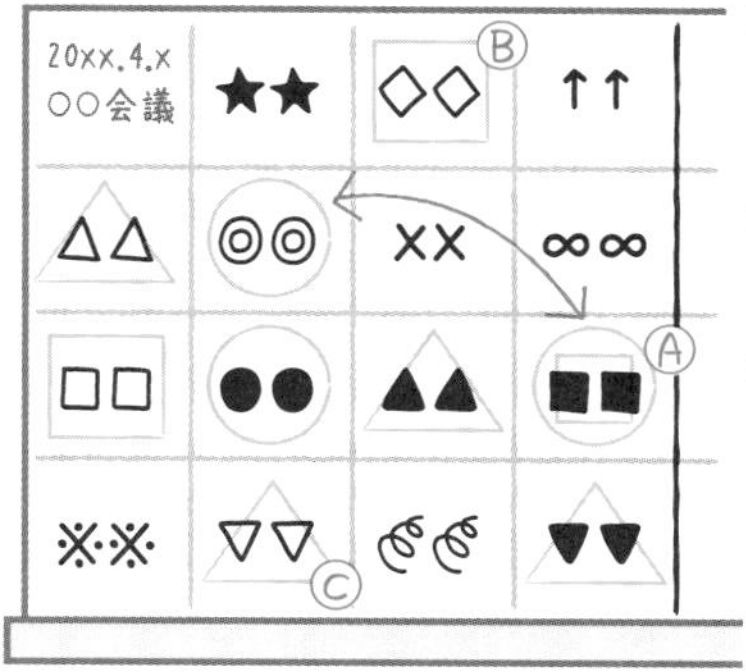

❸出てきた案を
「エクセル1」に
書き込んでいく

❹「エクセル1」を見ながら
印やコメントを加える

❺「もっともよい案」を
3つ選ぶ

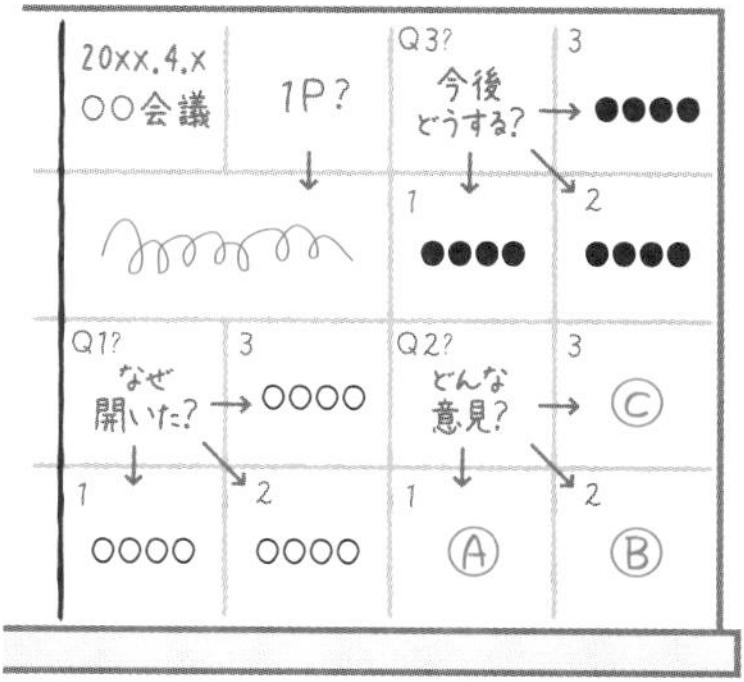

❻❺で選んだ案を
「ロジック3」の
「Q2?」に入れる
➡「Q3?」の答えを
話し合って書き入れる

❼全体をまとめるひとことを
「1P?」に書く

議が迷走してしまうのは、出席者が途中で会議の目的を忘れてしまうからです。この迷走を防ぐために、まずは全員で目的を確認・明確化します。「Q1?」の答えとして、青色のペンで埋めておきましょう。

❸会議のテーマに対する案を「エクセル1」に書き出す

会議の目的を確認・明確化できたら、会議の本題に入ります。

進行役が「残業を削減するためにどんなアイデアがありますか?」と出席者に聞き、出てきた案をホワイトボード上の「エクセル1」の各フレームに書き込んでいきます。あるいは、まずは各自で手持ちの1枚に「エクセル1」を書いてもらって、そのうちの1つから3つ程度発表してもらったものを記入してもよいでしょう。

なお、発表してもらう中で、必ずといっていいほど脇道にそれたがる人が現れます。そうした人の発言に引っ張られ、気づけばテーマを見失ってしまっていた、なんてことも、通常の会議では十分にありえます。

でも、安心してください。この「1枚」会議術では、そうしたことは起きません。正確にいうと、起きたとしても、簡単に軌道修正できます。

ちょっと脇道にそれ出したら、ホワイトボードの「Q1?」部分に書いた「目的」を、「えっと、確認ですけど、今日の目的は……」と言って指でさす――これを時々やるだけでOKです（前著にも書きましたが、「指さし」は本当にパワフルな動作ですので、積極的に使っていってください）。

❹「エクセル1」を見ながら話し合い、印やコメントを書く

ひと通り意見が出揃ったら、ホワイトボード上のフレームを眺めながら話し合いを進めます。出された案の中には、重複するものも出てくるはずです。進行役は、同じものには○や△などをつけて分類していきます。

この辺りは1人で紙に書いてやっているときと同じなのですが、複数人が一緒になってやると、優先順位づけが非常にラクになります。重複した案はそれだけ賛同している人が多いということですから、印をつける前の時点ですでに、優先

順位づけを行うどころか、合意形成も図られつつあるというのが、この「1枚」会議術のパワフルなメリットです。

❺出てきた案の中でもっともよいものを3つ選ぶ

話し合いがある程度済んだら、進行役はそれまでの話し合いを考慮したうえで、出てきた案の中でもっともよいと思われるアイデアを3つ選びます。ここでも「効果があるものか」「簡単に実行できるものか」という判断軸でふるいにかけるとよいでしょう。

これで、「残業を削減するためにどうしたらいいか？」という課題に対するアイデアが3つ出たとしましょう。会議開始から45分ごろまでが理想です。

❻話し合って「ロジック3」の「Q2?」と「Q3?」を埋める

この段階まで来たら、あとは残りの15分で「ロジック3」を埋めていきます。

会議が終わったあとに「結局、実のある話し合いができていなかった」と気づいても遅いので、このような状況を避けるために会議中にまとめ自体を作ってしまうのです。

といっても難しいことは何もなくて、ホワイトボード上の「ロジック3」の「Q2?」と「Q3?」を埋めていくだけです。

補足をするとしたら、「Q3?」の「この会議で、具体的に今後どうすることが決まったのか?」を書くとき、念のため、書き出したアイデアが「効果的か」「実行できるか」「動詞になっていないか」のチェックもしておいてください。

❼全体を眺めて、まとめとなるひとことを「1P?」に入れる

以上が、1時間程度の会議における「エクセル1」と「ロジック3」の活用法です。

最後に議事録についてですが、前述の方法で「1枚」に資料化してもらえばO

Kです。ただ、もし職場環境が許すのであれば、この**ホワイトボードを写真に撮ってメールでメンバーと共有してしまう、という方法もおすすめ**です。一石二鳥どころではないほど、劇的な時間短縮につながります。

Chapter 3

いつでもどこでも、仕事で困ったときの「紙」頼み

01

「1枚」仕事術 その1 1日の業務計画を立てる

前章で紹介した「エクセル1《ワン》」と「ロジック3《スリー》」の使い方は、主に資料作りのためのものでした。資料を作るには、先にもお伝えしたように「情報を整理し、考えをまとめる」という思考整理の段階があります。言い換えれば「頭の中のゴチャゴチャを整理し、考えをまとめてスッキリさせる」ということです。

つまり、**資料作り以外にも、「頭の中がゴチャゴチャ」して困っていさえすれば、ほかのさまざまな状況に応用できる**わけです。

前章でもすでに、資料作成を超えた、会議の進行での応用例を扱いました。これ以外にも、たとえば、やるべきことが多すぎて頭が混乱しているとき、口頭で上司と交渉したいことがあるのにうまく伝えられそうにないとき、上司に怒られ頭の中が真っ白になっているとき……これらはどれも、頭の中が整理できていない状況です。

これらの状況を、「エクセル1」「ロジック3」を使うことで「スッキリ！」とカイゼンできるのです。

そこで本章では、中でも特に、仕事の場面で役立つものを取り上げながら、状況別に「エクセル1」「ロジック3」の活用法を紹介していきます。

＊　＊　＊

トヨタに勤務していた時代、多くの人が毎日退社するとき、翌日のスケジュールをプリントアウトして持ち帰っていました。帰りや翌朝の通勤電車などで確認するためです。

私はプリントアウトこそしませんでしたが、同様の目的を達成するために、退社前に必ず翌日のスケジュールをチェックするようにしていました。

あなたは毎日、落ち着いてじっくりと自分の仕事と向き合えていますか？真剣に仕事に取り組んで、充実感を得ているでしょうか？

それとも、やるべきことがありすぎて、1つの仕事を進めながらも「あれもやらねば」「これもやらねば」と気持ちが分散していないでしょうか？あるいは忙しすぎて、ただ仕事をこなすだけの毎日になっていないでしょうか？

後者のような人におすすめしたいのが、「エクセル1」を使った1日の業務計画の作成です。

これは毎日出社してすぐ、もしくは前日の退社前に行うのがおすすめです。

「エクセル1」で1日の業務計画を立てる

緑ペン　青ペン　赤ペン

❶フレームを書く

まずは緑色のペンで「1枚」の紙に「エクセル1」のフレームを書きます。フレームの数は16または32にします（業務量にもよりますが、忙しい人は32フレームにしておいてください）。テーマは、「今日やることは？」などとします。

❷フレームにやるべきことを書き込んでいく

次に青色のペンで、フレーム内にその日にやるべき仕事を書き込んでいきます。コツは、できるだけ具体的な作業に落とし込み、1つのフレームに1つの作業を書き込むこと。また、小さな仕事（たとえば「○○さんに時間確認の電話」「△△さんへ資料返却」など）もなるべく書いていきます。こうした点でも、フレーム数は多めがよいと思います。

「エクセル1」で1日の業務計画を立てる

20XX.4.X 今日やることは？	PM5：00〜 B社との 打ち合わせ ⑬	⑮ 資料を読む	④ Eさんへ 資料返却
⑩ PM1：00〜 営業部会議	② C氏への アポとり	納品書 依頼 ③	請求書の 修正 ⑥
⑪ 出張報告書 作成	⑤ 精算	⑧ Dさんに 時間確認の電話	会場使用許可の 申請 ⑫
① A氏に メール返信	⑭ 新企画 検討	⑦ 会議の資料 コピー	⑨ ○○の データ手配

❸やっていく順番に番号を振る

すべて書き終えたら、次は赤色のペンに持ち替えて、やっていく順番に番号を振ります。

いざ番号を振ろうとすると、「メールを出さなければいけない相手は5人いるから、メールはまとめてやろう」「企画を考えるのはまとまった時間をとりたいから、その前に雑用はすべて終えておこう」などと自然に頭が回り出すはずです（順番を簡単に決められない場合は、165ページの「『やること』の優先順位をつける」方法も参考にしてください）。

すべてのフレームに番号がついたら終了です。あとはこの番号順に仕事を進めればよいだけです。

実際に書いてみないとなかなか実感はわかないと思いますが、これだけでもかなり頭がスッキリするはずです。

やるべきことを頭の中だけで抱えていると、うまく実体がつかめずモヤモヤした気持ちになりますが、**紙の上で「目に見える形」にしてみると、それだけで気持ちがクリアになる**のです。「これだけやればいいのだとわかったら、モチベーションが上がってきました」と話す受講者の方もいます。

また、**実際に書き出してみると、「思っていたほどやるべきことは多くなかったんだ」と気づいて、気持ちがラクになる場合もあります。**

以前、「毎日忙しくてたいへんなんです」と悩みを訴えていたある方に、この方法を試してもらったことがありました。フレーム数は多めの32に設定したのですが、実際に埋まったフレームは5つだけ。

「たったの5つですね……」と本人もびっくりし、「忙しい、忙しいと言っていた自分が恥ずかしいです」と笑いながら正直に話してくれました。

この気づきこそが、次の行動を促します。この方の場合、赤色のペンに持ち替えて番号を振らなくても、それ以前の青ペンの時点ですでに問題が解決していたのです。このように、**「書き出しただけで問題が解決する」というケースは、実は少なくありません。**

D・カーネギーの名著『道は開ける』（創元社）にも、「書き出したら、それで問題の多くは解決する」という話が出てきます。ただ、この「書き出す」という動作が意外と億劫《おっくう》になってしまいやすいのも事実。

そんなとき、まっさらな白紙に「書き出す」のではなく、「テーマ」を決めて「枠＝フレームを埋める」という「エクセル1」の形式で行うと、一気にハードルが下がります。この辺りの違いも、ぜひ実際にやって体感してみてください。

02

「1枚」仕事術 その2 スケジュールの「ムラ」をなくす

かんばん方式、ジャスト・イン・タイム、自工程完結など、トヨタにはいくつも独自の考え方がありますが、その1つに「ムラ・ムリ・ムダの排除」というものもあります。

通常はリズム感からか「ムリ・ムダ・ムラ」などと表記されることが多く、私の書き方に違和感を覚える方がいらっしゃるかもしれません。これから紹介する話は、私なりの経験を通じた認識として、読み進めていってください。

仕事には、大きく分けると「繁忙期」と「閑散期」の2つが存在します。タイムマネジメントの理想はこれを平らにしていくことですが、どうしても「仕事量の波＝ムラ」が出てきてしまいます。繁忙期はたいていムリをして仕事をすることになりますが、ムリをすると仕事の質が下がり、成果が伴わず、ムダに終わってしまうリスクが高まります。これが、「ムラ・ムリ・ムダ」の順で表記する理由です。

したがって、**仕事をムダにしないためには、ムリして働かなければならない状況を、なるべく作らないようにすること。そのためには、仕事の状況を把握し、業務にムラを作らないようにする、そうすれば、ムリもムダもなくなる**わけです。

当時トヨタで、このムラを把握するために行われていたと私が理解しているのが、**2か月分のスケジュールを1枚に「見える化」する取り組み**です。

この「1枚スケジュール管理」は、部署内の同じグループ員（人数はさまざまですが、目安として8人～15人ほど）の個々のスケジュールをグループ内で共有するためのもの。グループ員が仮に10人だとしたら、その10人それぞれの2か月間の業務スケジュールがA3用紙1枚にまとめられているのです。

「1枚スケジュール」は毎月更新されていて、月末になるとグループ員がそれぞれのパソコンから共有フォルダにアクセスし、個々のスケジュールをアップデートします。

よって、それを見れば、誰が、いつ、どんな仕事を抱えていて、何をしているのかがわかりました。また、仕事の時期の偏り、グループ員の忙しさの偏りなどもわかります。

週に一度のグループミーティングのテーブルには、必ずこの2か月分のスケジュールがまとめられた「1枚」がありました。そしてこの書類をもとに、グループ内全体の業務負荷の調整がなされました。

「この時期はAさんが忙しいからBさんは手伝ってあげて」「後半Bさんも忙しくなるから、ここはCさんが協力して」などと、リーダーが紙を見ながら調整していくのです。

ポイントは、「1枚」の紙にグループメンバーの業務スケジュールが「見える化」されていること。どこに「ムラ」があるかが一目瞭然となっていることです。

だからこそ、メンバー全員が共通認識・共通理解をした状態で、業務負荷の分散を行えるわけです。

もしこうした「1枚」がなければ、メンバー1人ひとりはほかの人たちがどのくらいの業務負荷を抱えているのかが見えません。結果、リーダーは、グループ内での合意形成にも相当苦労するでしょう。仕事が増えることになるメンバーに負荷の分散を納得してもらうことも、非常に難しくなります。

「ムラ・ムリ・ムダの排除」の実践は、まずは「時間の見える化」からなのです。このことについては、P・F・ドラッカーも名著『経営者の条件』（ダイヤモンド社）の中で、タイムマネジメントはまず「時間の記録から」といった趣旨で述べています。


さて、それではこの「1枚スケジュール」の考え方を個人のスケジュール管理に応用させるとどうなるでしょう。

個人の業務にも忙しさの波はあります。忙しいときに限って突発的な仕事が重なって入ったかと思うと、暇なときにはとことん暇……そんな経験はないでしょうか。

個人のスケジュールも、管理の仕方によってはムラをできるだけなくすことが可能です。

使うのは、ここでも「エクセル1」です。

「エクセル1」でスケジュールの「ムラ」をなくす

緑ペン　青ペン　赤ペン

❶「エクセル1」の基本フレームを作る

仕事の内容にもよりますが、たとえばフレーム数32の「エクセル1」を用意し、テーマに「これから2か月でやることは？」などと入れます。

❷2か月先までの主な仕事を書き込む

青色のペンで今後2か月の間にやる主な仕事をひと通り書き込んでいきます。

この時点では時系列はバラバラでかまいません。思いついたものから気楽に埋めていける、「エクセル1」の醍醐味《だいごみ》を体感しながら書き出していってください。

❸期限ごとにマークを決める

ここでは仮に4月・5月の2か月間のスケジュールを立てるとしましょう。フレーム内を書き終えたら、期限ごとのマークをたとえば次のように決めます。

4月前半までにやるべきもの……○
4月後半までにやるべきもの……△
5月前半までにやるべきもの……□
5月後半までにやるべきもの……☆

❹それぞれの仕事の期限に沿ってマークをつける

次に赤色のペンに持ち替えて、フレーム内に書かれた仕事の期限はそれぞれい

「エクセル1」でスケジュールの「ムラ」をなくす

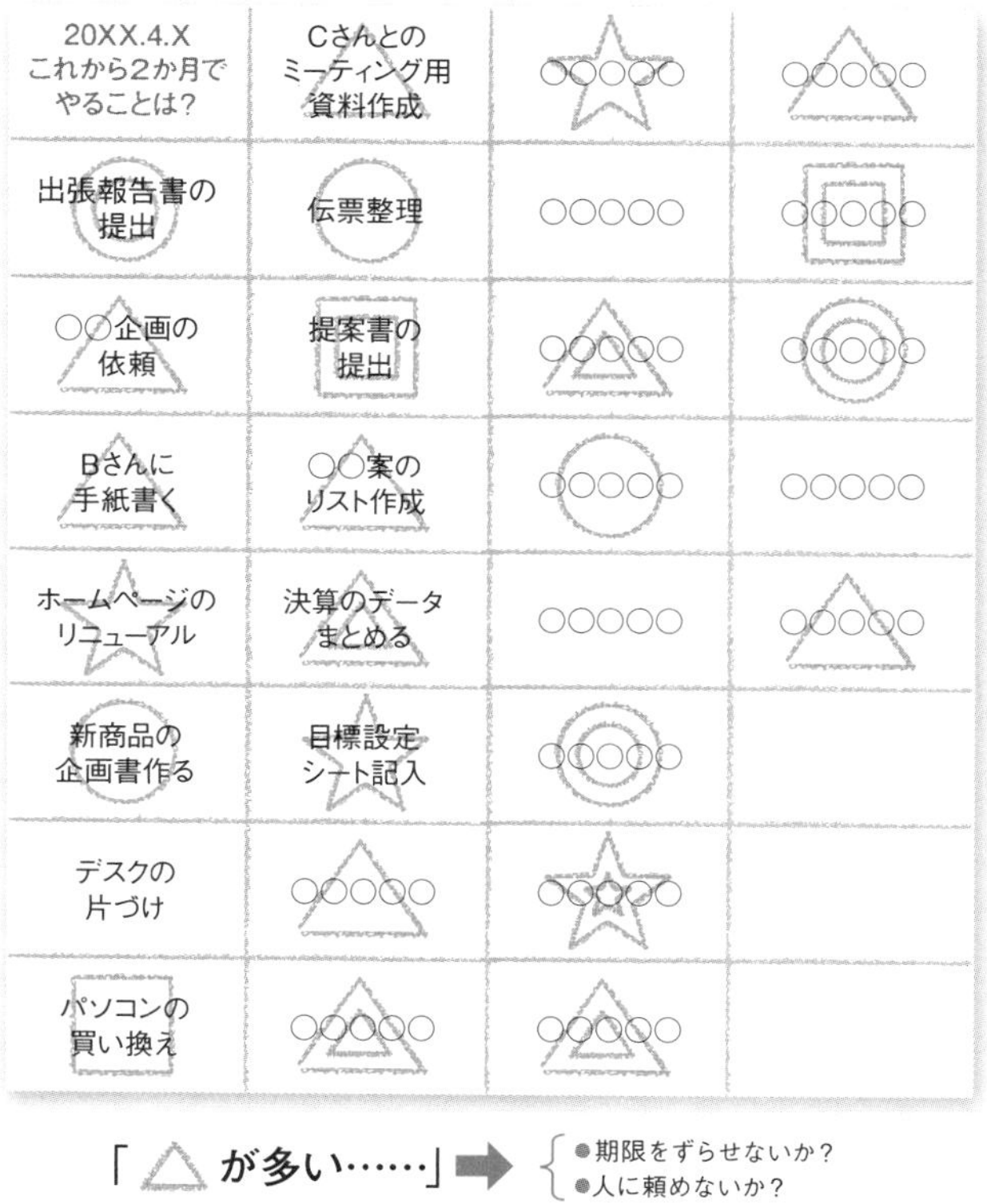

つかを確認し、期限のマークをつけていきます。マークがつかないものは6月以降でも大丈夫だということで、そのままにしておきます。

❺特にたいへんそうなものに、もう一度同じマークをつける

内容が複雑な仕事、特に時間を要する仕事には、同じマークをもう1回つけていきます（もともと○がついていた仕事なら、そこにもう1回○をつける、など）。

❻全体のマークのバランスをチェックする

マークをつけ終わったら、全体を眺めます。マークの数がほぼ均等であれば、2か月間のムラはほとんどないことになります。○が極端に多くて、△と□が少ないなど偏りがある場合には、「ムラあり」の状態です。なくせないか考えましょう。

すぐに取り組めるムラをなくす方法としては、

（1）期限をずらす
（2）人に振る

の2つがあります。

マークの多い仕事のうちほかの人に頼めるものがあれば、それは人に頼みましょう。また、優先の度合いに応じて期限をずらせるものがないか確認します。比較的余裕のある時期には、先々に予定されている仕事を前倒しにできないか、なども考えられるでしょう。

目の前に仕事が山積みになっていると、ついそちらにかかりきりになって消耗してしまいがちですが、そんなときこそ、事前に「1枚」を作ることで必要以上の忙しさを回避できます。**ムラをなくせば、ムリ・ムダがなくなり、結果的に効率よく仕事を進めることができる**のです。

ちなみに、ここまで読んでみて「人に頼むのは苦手で……」と感じている方へ。

どうすれば、そうした状況をカイゼンできるでしょうか？

前章までの内容を実践できていればピンとくるかもしれませんが、これも、「1枚」で問題なく解決できます。さっそく「ロジック3」のフレームを作り、「1P？」のところに赤色のペンで「〇〇の業務を代わりにやってほしい」と入れてみるのです。あとは前章までの内容を読み返していただければ、もう説明なしでもとりかかれるはずです。実際にチャレンジしてみてください。

03

「1枚」仕事術 その3 「やること」の優先順位をつける

限られた時間を有効に使うには「戦略＝資源配分＝優先順位づけ」が欠かせません。目の前の仕事を手当たり次第に片づけていくだけでは、仕事をこなすので精一杯というのが日常になってしまいます。

ただ、ここで問題となってくるのが「優先順位をどうやってつければよいのか？」ということです。

たとえば148ページで紹介した「1日の業務計画を立てる」方法では、仕事の順番に番号を振る箇所がありますが、「この順番を決めるのが難しいんです」という人もいるかもしれません。また、仕事量が多すぎて「何から手をつけてよいかわからない」という場合もありえます。

そこでここでは、「エクセル1」を使って、仕事の優先順位をつける方法を紹介していきます。

仕事の優先順位をつける方法は、前著でもご紹介しました。やり方は基本的には同じですが、今回は特に「とにかく仕事が多くて困っている人」をモデルに、優先順位のつけ方を見ていきましょう。

「エクセル1」で仕事の優先順位をつける

緑ペン　青ペン　赤ペン

❶「エクセル1」のフレームを作り、日付とテーマを入れる

まずは緑色のペンで「エクセル1」のフレームを作ります。フレーム数は16または32にします。業務量に応じて、あるいは埋めやすいフレームの大きさなどの観点からフレーム数は調整してください。そして左上のフレームに日付とテーマ

「エクセル１」で仕事の優先順位をつける

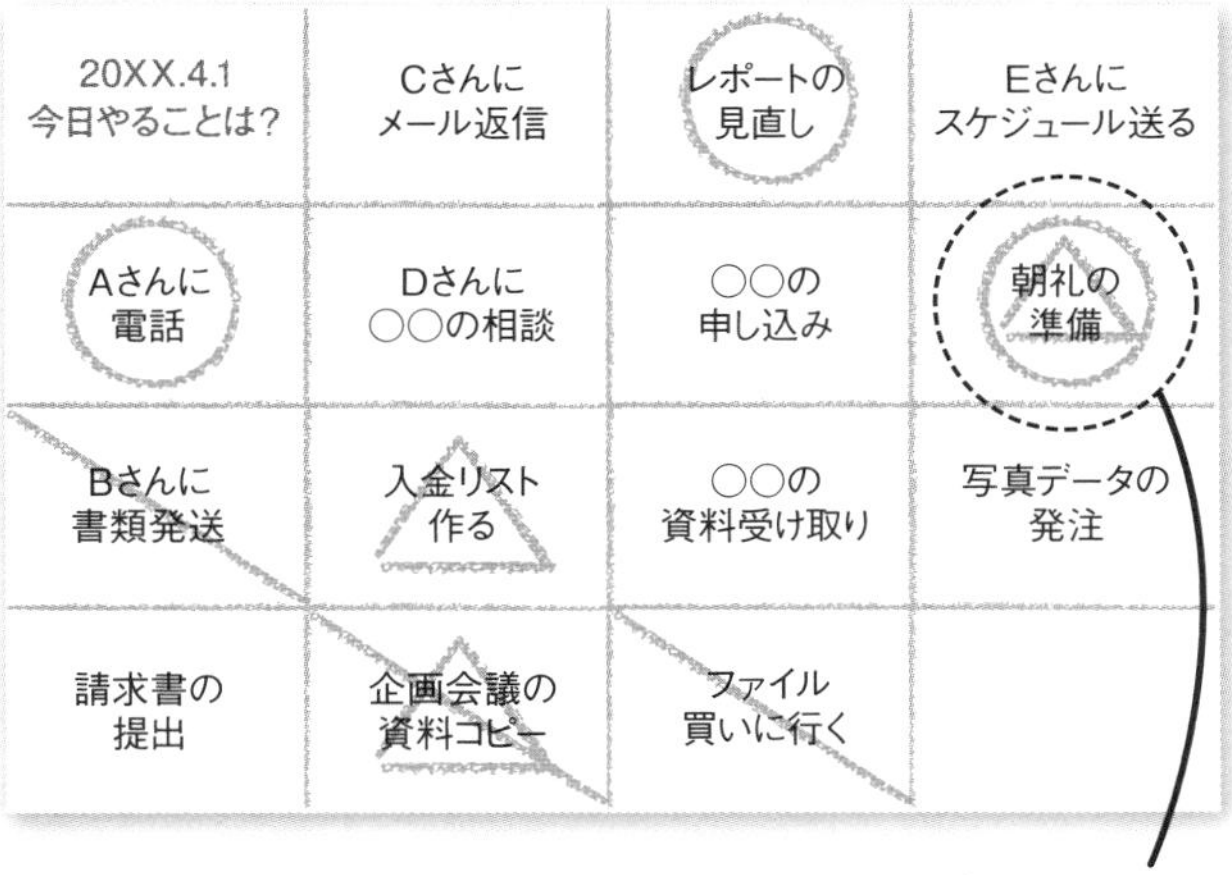

「○と△がつき、斜線を引いていないもの」が最優先

を書き入れます。テーマは「今日やることは？」などとしましょう。

❷「今日やること」を書き込む

青色のペンに持ち替えて、今日やることを書き込んでいきます。どんな小さな仕事も、思い出したものから淡々とフレームを埋めていきます。この時点で優先順位をつける必要はありません。あまり深く考えず、埋める動作に徹するのがコツです。

❸「特に重要なもの」（3つまで）に○をつける

2分ほど時間をとって書き終えたら、赤色のペンに持ち替えます。「エクセル1」全体を眺めて、「この中で特に重要なものは？」と自分に問いかけてください。そして最大3つまで選んで○で囲みます。

❹「緊急のもの」（3つまで）に△をつける

再びフレーム全体を眺めて、「この中で緊急にやらなければいけないものは？」と自分に問いかけ、最大3つまで選んだら△で囲みます（すでに○がついているものでもOKです）。

❺「人に頼めるもの」に斜線を引く

もう一度フレーム全体を眺めて、「この中で人に頼めるものはどれか？」と自分に問いかけます。これは該当するものをすべて選びます。そしてそのフレームに赤ペンで斜線を引きます。

これで完成です。「○と△がつき、斜線を引いていないもの」が、もっとも優先度の高い仕事です。次に優先度が高いのは、「斜線が引かれておらず、○と△のどちらかがついているもの」。○や△がついていても斜線がついていたら、誰か代わりの人に頼んでやってもらえないか考えましょう。

特に今回の前提は「とにかく忙しい人」向けです。こうした方の特徴は「自分で抱え込む」こと。斜線が引けるものは、どんどん人に振っていくようにしてください。

また、印をつける順番を入れ替えて、最初に「人に頼めるもの」に斜線を引いて消したうえで、重要度や緊急度をチェックしてもかまいません。

ちなみに、前著で紹介した「仕事の優先順位をつける」方法では、赤色のペンに持ち替えたのち、次の3つの質問を投げかけて、まとめていきました。

(1) この中で特に重要なものはどれか?
(2) 今日中に対応しないとまずいものはどれか?
(3) この中で放置しておくとまずいものはどれか?

そして今回の質問は、次の3つでした。

（1）この中で特に重要なものは？
（2）この中で緊急にやらなければいけないものは？
（3）この中で人に頼めるものはどれか？

つまり、いずれの場合も（1）では重要度、（2）では緊急度を問いかけていて、（3）だけが異なります。

仕事の優先順位を考える際、重要度と緊急度の大切さについては『7つの習慣』（スティーブン・R・コヴィー著／キングベアー出版）などでも語られていますし、こうやって採用する機会も多いのですが、質問自体はもっと臨機応変に変更してもらってかまいません。

ここでは「忙しい人」を想定しているので、「人に頼めるものは？」としましたが、それほど仕事量が多くない人は、正反対の切り口として「今から着手しておくとよいものは？」などとしてもよいでしょう。

質問を投げかけて優先順位を浮き彫りにする＝見える化するうえで大事なのは、実は質よりも量、数です。1つだけではなく、ここでは3つの質問を用意することに意味があるのです。

なぜなら、**質問の切り口が増えれば増えるほど、「何が本当に大事でやるべきことなのか」が、文字通り1枚の紙面上に浮かび上がってくるから**です。

たとえば目の前に、大小さまざま、色や形が微妙に異なるリンゴが10個あるとしましょう。「このうち1つを選んで、友達にプレゼントしてください」と言われたら、あなたはどうやって選びますか？

おそらく「いちばんおいしそうなのはどれだろう？」「キズや汚れがついていないのはどれだろう？」「いちばんよい香りがするのはどれだろう？」などと、さまざまな角度から考えるでしょう。それは、1つの角度だけでなく、複数の角度から考えたほうがリンゴ選びに失敗しにくくなるからです。

たとえば「いちばん赤いのは？」という点だけで考えたら、赤くてもキズがあったり、底のほうが傷んでいたりするリンゴを選んでしまうかもしれません。

これと同じで、仕事の優先順位も1つの切り口で決めると失敗する可能性が大きくなってしまいます。

たとえば「緊急度は？」という問いは、優先順位をつけるうえで大事な切り口ですが、その1つで決めてしまうと「緊急でないけれど重要なもの」や「緊急だけれど人に頼めるもの」などを見逃してしまいます。

よって、**仕事の優先順位をつけるときの質問は、少なくとも3つは用意することを目安にしてください。**

といっても、「質問自体は何でもいいですよ」とすると手が進まなくなってしまう人もいると思うので、基本的には1つを重要度、もう1つを緊急度、あとは自分の仕事や状況に応じて自由に考えてもらうのがよいと思います。「この中で特にやりたいものはどれか？」「この中で特にお客様に喜ばれるものはどれか？」といった質問でもOKです。あまり難しく考えずに、自分らしく、楽しく取り組めるような質問にするとよいでしょう。

04

「1枚」仕事術 その4
新聞記事やニュースをまとめる

「会社の朝礼で3分間スピーチをしなければならないんですが、うまくまとめる方法はありませんか？」

そんな相談を受けた際、「エクセル1」「ロジック3」を使ってスピーチ原稿の内容をまとめる方法があります。

時事ネタを扱うという設定で、新聞記事をもとにしたまとめ方を紹介しましょう。

「紙1枚」で時事ネタをまとめる

緑ペン　青ペン　赤ペン

❶「エクセル1」のフレームを作り、日付とテーマを入れる

まずは、緑色のペンで「エクセル1」のフレームを書きます。フレーム数は今回は8でもよいと思います。左上のフレームに書き込むテーマは「今朝の新聞でもっとも気になった記事は?」などとします（長くて書きにくい場合は、単に「気になったのは?」だけでもOKです）。

❷気になる記事の見出しを書いていく

青色のペンに持ち替えて、新聞を広げ、気になる記事をチェックしていきます。気になる記事があったら、見出しのキーワードをフレームに書き込んでいきます。フレームすべてを埋められなくてもよいです。

❸「もっとも気になるもの」(3つまで)に○をつける

最後までひと通り新聞に目を通したら、赤色のペンに持ち替えて各フレームを眺めます。そして「もっとも気になる記事はどれか?」と自分に問いかけて、該当するフレームに○をつけます(1つに絞り込めない場合は、最大3つまで選んでください)。

ここまでが「エクセル1」を使って3分間スピーチのネタとなる記事を見つけるアクションです。

続いて、これをもとに「ロジック3」を用いながらスピーチする内容を整理していきます。

❹「ロジック3」のフレームを作り、日付とテーマを入れる

緑色のペンで「ロジック3」のフレームを書きます。テーマは「気になる記事紹介」などとしましょう。

「エクセル１」で気になるニュースを整理する

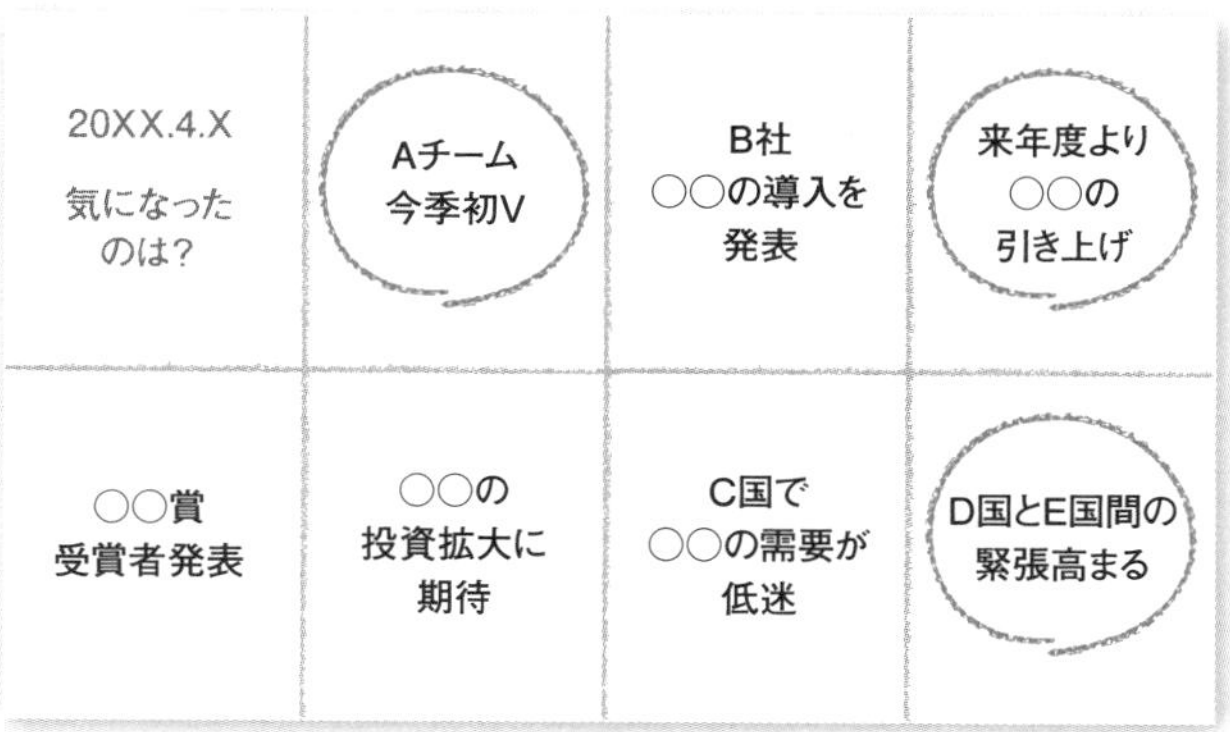

「もっとも気になるもの」（３つまで）に◯をつける

❺「Q1?」〜「Q3?」をそれぞれ書き込む ✎

緑色のペンで、次のように質問を書き込みます。

Q1?……この記事がなぜ気になるのか?

Q2?……この記事のポイントは何か?

Q3?……今後、この記事を(仕事に)どう活《い》かすか?

❻「ひとこと」のフレームを埋めたうえで、「Q1?」〜「Q3?」の答えを書く ✎

(ひとこと)／✎(答え)

赤色のペンに持ち替えて「1P?」に、「今朝の新聞で気になったのは〜という記事です」などと入れます。

そして、青色のペンに持ち替えて「Q1?」〜「Q3?」の答えを書いていきます。

「ロジック3」で人に話す内容をまとめる

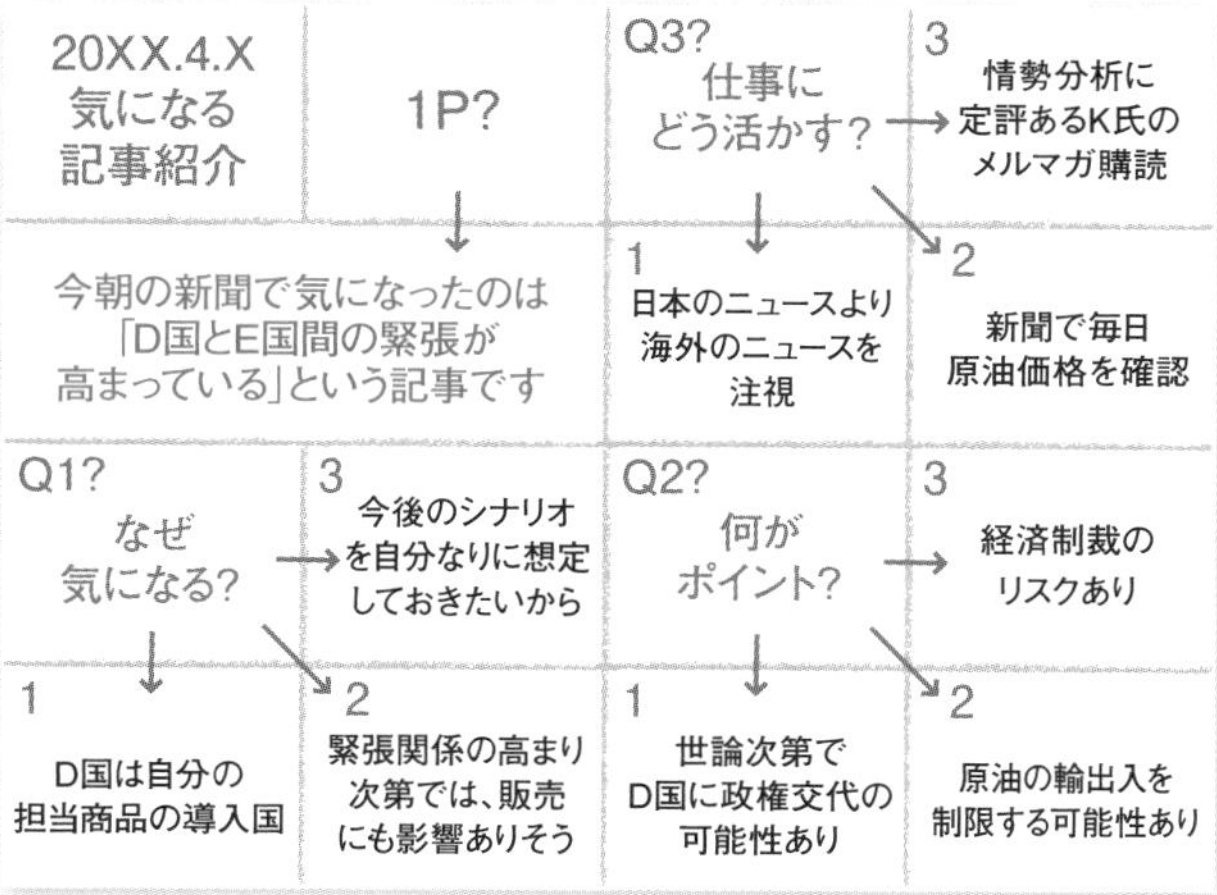

これで話す内容がまとまりました。実際の新聞記事をもとに「ロジック3」を書いてみると、前ページのようになります。

これは、たとえば次のようなスピーチの原稿にまとめることができます。

今朝、新聞を読んでいて特に気になったニュースがあります。それは「D国とE国間の緊張が高まっている」という記事です。

なぜ気になったかというと、D国は現在、私の担当商品の導入国であり、緊張関係の高まり次第では、販売にも影響がありそうだと感じたからです。また、今後のシナリオを自分なりに想定しておきたいというのも、理由の1つです。

この記事のポイントは主に3つ。世論次第では今後D国の政権に交代の可能性が出てくること、そして、D国の主要産業である原油の輸出入を今後制限する可能性があること、また、緊張が高まった結果、第3国から経済制裁を受けるリスクが出てくるということです。

こうした内容を踏まえて、次の3つの点を意識しながら、自分自身の今後の仕事に活かそうと考えました。1つめは、両国の情勢を引き続き把握するために、日本のニュース以上に海外のニュースを注視することです。また、2つめは、原油価格の値動きを新聞で毎日確認すること。そして3つめに、こうした海外情勢の分析に定評のあるK氏のメールマガジンを購読することです。


この方法は、「新聞は毎日読んだほうがよいと思いつつ、なかなかできない人」にもおすすめです。人に自分が気になった記事を紹介する、という機会が実際にないとしても、仮にそれをするつもりで（要は人に説明するつもりで）新聞を読んでみるのです。この前提で読むと、新聞を読むための「動機」が生まれるので、より積極的に実践できるはずです。

記事に対する向き合い方も変わります。漠然と読むのではなく、自然と「気になる記事はどれか？」と探しながら読むようになるのです。

私は人に何かを伝えるとき、常に「聞いた人にとって有益かどうか」を考えるようにしています。それは仕事関係に限らず、プライベートで本や映画の感想などを伝えるときも同様です。こうした姿勢を持っておくと、同じ感想でも、自然と相手にとってより有益な感想を選ぼうとする癖が身につきます。

記事を選ぶときも同じで、**人に説明することを前提にし、その人により有益な情報を伝えようとすると、自然と頭が「有益な情報」を検索しようとします。**その記事のどこが気になったのか、なぜ気になったのか、今後この記事をどう活かすか、などを考える方向に頭が回り出すのです。

ブログやメールマガジンなどを書いている人はわかると思いますが、誰かに読まれることを前提に文章を書くと、緊張感が生まれます。同時に、この緊張感はある種心地よく、楽しくもあります。

新聞記事を読むときも同じで、人に説明することを前提にある程度の緊張感を持って読むことで、それを楽しみながら続けることにつながるのです。

05

「1枚」仕事術 その5 交渉や面談に向けて準備する

「希望の部署に行けることになりました！」

あるとき、受講者の方からこんなうれしい報告がありました。

この方は、少し前から他部署への異動を希望していました。希望がかなうかどうかは上司との面談で決まるため、「エクセル1」と「ロジック3」を使ってその面談に備えたのです。結果、見事に希望がかないました。

では、この方はどのような準備をしたのでしょうか？

まず、「エクセル1」で、「上司が面談で何を聞いてくるか？」を徹底的に洗い出しました。そして次に、「○○部へ異動したいです！」という主張を「1P？」

に書き入れ、「ロジック3」を作成しました。

「徹底的に洗い出す」とは、具体的に何をすればよいのか、ここまで読み進めてきたあなたなら、十分に「動作化」は可能なはずです。自分なりに「こうかな?」という見立てをしたうえで、続きを読んでみてください。

では、詳しく説明すると次のようになります。

「紙1枚」で大事な面談に向けて準備する

緑ペン　青ペン　赤ペン

❶「エクセル1」のフレームを作り、テーマを書く

緑色のペンで「エクセル1」のフレームを書きます。フレーム数は16にしておきます。テーマは「(上司から)何を聞かれそう?」などとしましょう。

❷面談で聞かれそうな内容を書き出す

「紙１枚」で大事な面談に向けて準備する

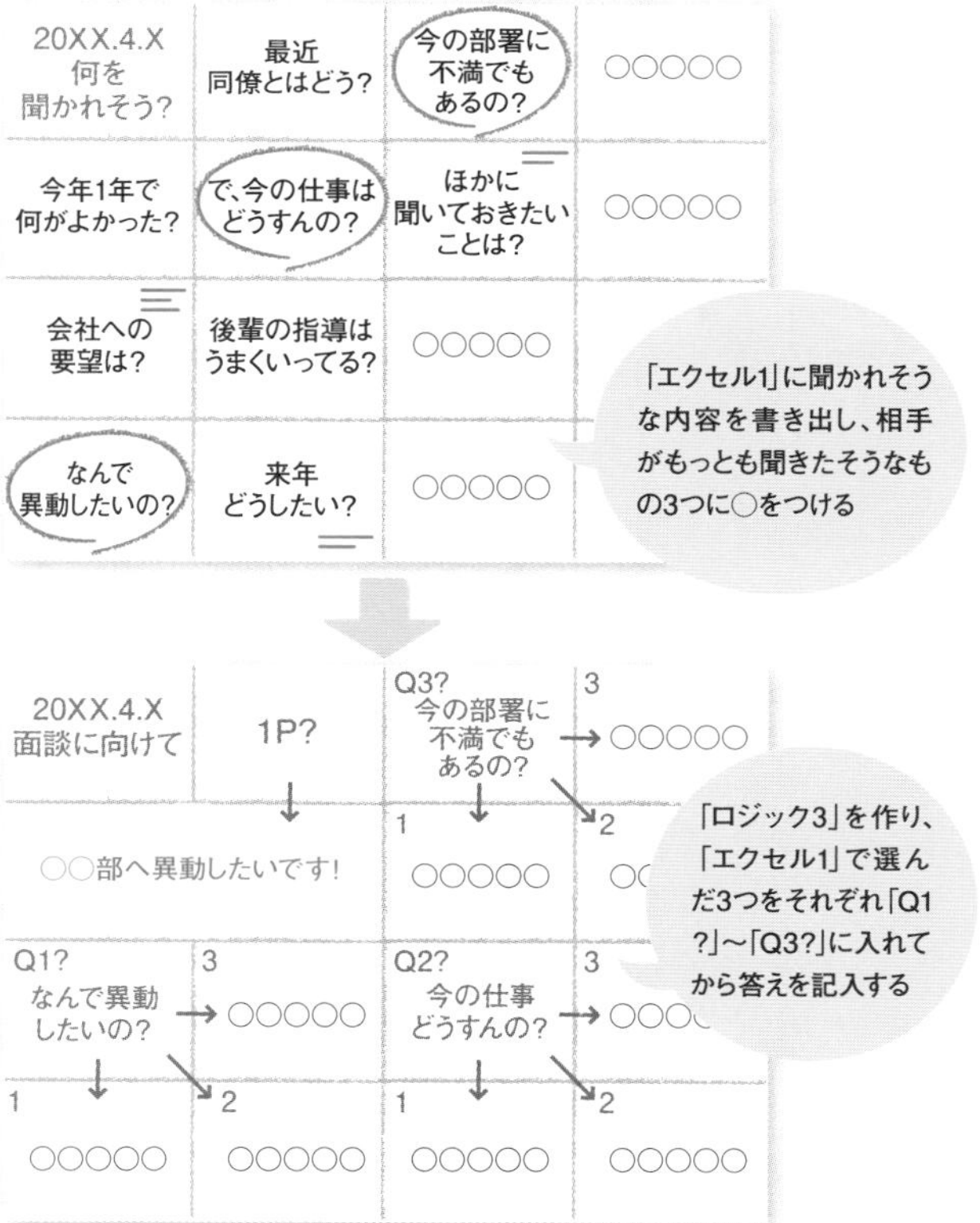
20XX.4.X
何を
聞かれそう?
最近
同僚とはどう?
今の部署に
不満でも
あるの?
○○○○○
今年1年で
何がよかった?
で、今の仕事は
どうすんの?
ほかに
聞いておきたい
ことは?
○○○○○
会社への
要望は?
後輩の指導は
うまくいってる?
○○○○○
なんで
異動したいの?
来年
どうしたい?
○○○○○
「エクセル1」に聞かれそうな内容を書き出し、相手がもっとも聞きたそうなもの3つに○をつける
20XX.4.X
面談に向けて
1P?
Q3?
今の部署に
不満でも
あるの?
3
○○○○○
1
○○○○○
2
○○部へ異動したいです!
Q1?
なんで異動
したいの?
3
○○○○○
Q2?
今の仕事
どうすんの?
3
1
○○○○○
2
○○○○○
1
○○○○○
2
○○○○○
「ロジック3」を作り、「エクセル1」で選んだ3つをそれぞれ「Q1?」〜「Q3?」に入れてから答えを記入する

青色のペンに持ち替えて、上司が面談で聞いてきそうなことを書いてフレームを埋めていきます。

❸相手がもっとも聞きたそうなもの3つに○をつける

フレームが埋まったら、赤色のペンに持ち替えて、「この中で上司がもっとも聞きたそうなことは何か？」を考え、3つ○をつけます。

また、○のつかなかったところは、「念のため」といった程度の位置づけで、どのように答えるかを考え、余白に簡単なメモ書きをしておきます。

次に、「異動したいです！」という希望を伝えるための準備をしていきます。

❹「ロジック3」のフレームを作り、「1P？」を書く（フレーム）／（1P？）

緑色のペンで「ロジック3」のフレームを書きます。「1P？」のフレームには、赤色のペンで「○○部へ異動したいです！」などと書きます。

❺「Q1?」〜「Q3?」をそれぞれ書き込む

ここでは、「エクセル1」をまとめたときに出てきた「上司がもっとも聞きたいこと」3つを、「Q1?」〜「Q3?」に緑色のペンで記入していきます。

❻「Q1?」〜「Q3?」の答えを書く

次に青色のペンに持ち替えて、「Q1?」〜「Q3?」に対する答えを書き出していきます。

こうした事前準備＝思考整理を行ったうえで面談に臨んだ結果、希望していた通り異動があっさり決まりました。

さらにもう1つ、この受講者の方の面談を成功に導いた有力な理由として考えられるのが、面談の準備の際、常に**「カジュアル表現」**で書いていたことです。

カジュアル表現とは、私が勝手に作った言葉ですが、**「日常で使う、自分が慣**

れ親しんでいる表現」のこと。あえて言うなら、反対語は「ビジネス表現」でしょうか。

たとえば「異動を希望する理由は?」がビジネス表現なら、カジュアル表現は「なんでそんなに異動したいの?」です。「異動後のキャリアプランは?」がビジネス表現なら、「これからどうしていきたいの?」がカジュアル表現です。

私はよく受講者の方に、**「実際の資料に『書く』のはビジネス表現ですが、資料に何を書くか、どう書くのかなどを事前に考える、すなわち思考整理をする際には、カジュアル表現を使うといいですよ」**とお伝えしています。

というのも、ビジネス表現で考えていると、いったいこの案件で自分は何を伝えたいのか、何をしたいのかを見失ってしまうことがあるからです。

実はこのことを意識するようになったのは、ある体験がもとになっています。アメリカへの赴任が決まった当時、私は日本で英語の勉強をし直していました。

その際、「K/Hシステム」という英語学習法に出合ったのですが、そこで

「やまと言葉落とし」という英語の修得法を学びました。これは英語を日本語に訳して理解するとき、教科書的な堅い言葉で訳すのではなく、自分がふだんから使っているなじみのある日本語に訳して理解する、という方法です。

学校でやってきた英語学習の癖からか、つい堅い日本語に訳す習慣がついてしまっている英語学習者は、当時の私に限らず多いと思います。この習慣ができてしまっていると、堅い日本語からやさしい日本語へと、再度〝意訳〟する必要が出てしまいます。読み書きだけならまだしも、リスニングやスピーキングでは時間がかかりすぎるため致命的です。

そこで、まずは自分にとってしっくりくる日本語でいきなり理解するトレーニングをする。当時の自分にとっては目からウロコの学習法でした。

同時に、これは会社で目にする「わかったような、わからないようなビジネス表現」に関しても同じだと感じました。

そこで、ビジネス表現を、一度自分にとって身近なカジュアル表現にしてみるのです。**頭だけでわかったような気になれる表現ではなく、「身近＝身体《からだ》に近**

い」という文字通り、自分の腹にスッと落ちるような表現にしていく。自分が理解し、動作をイメージできるような表現に嚙《か》み砕く、という言い方でもよいでしょう。

先ほどの受講者の方が、どのようなカジュアル表現を使って考えたかは、185ページのフレームの中を参考にしてみてください。

「ロジック3」の3つの質問では、「で、今の仕事はどうすんの?」「なんで異動したいの?」「今の部署に不満でもあるの?」となっていますが、これがビジネス表現だと次のようになるでしょう。

「で、今の仕事はどうすんの?」↓現在抱えている業務への対応
「なんで異動したいの?」↓異動を希望する理由
「今の部署に不満でもあるの?」↓課題認識

いきなり資料上の言い回しで「現在抱えている業務への対応は?」などと考え

込むより、「で、今の仕事はどうすんの?」としたほうが、自分で考えるときすんなり頭が動く気がしませんか?「異動を希望する理由は?」より、「なんで異動したいの?」のほうが答えに早くたどり着けるように感じませんか?

この受講者の方は、上司の口調やキャラクターをうまくつかんで、カジュアル表現にしていました。このことがより一層、思考整理をスムーズなものに、何より相手に伝わるものにしてくれました。

「現在抱えている業務への対応は?」というビジネス表現は、その人のキャラクターによってさまざまなカジュアル表現になりえます。

「今の仕事はどうする気だ?」と言う人もいれば、「今の仕事はどうなってもいいのか?」と威圧的に言う人もいるでしょう。中にはすべて関西弁で発音している大阪の受講者の方もいらっしゃいました。

ここまでも何度か繰り返しましたが、誰かに何かを伝えるときに大事なのは相手の立場に立つこと。どれだけ相手の立場に立てるかで「伝わりやすさ」は変わります。

相手の具体的な人柄や独特の言い回しを踏まえてカジュアル表現で考えることは、よりリアルに、その場（交渉や面談などの場）を想定できます。また、相手の立場により近く立てるちょっとした、それでいてとてもパワフルな工夫なのです。

06

「1枚」仕事術 その6

「叱られ上手」になる

「『エクセル1』のおかげで、精神的にかなりラクになりました」

こう報告してくれたのは、会社で悩みを抱えていたある受講者の方でした。

この方は、30代の会社員。上司との相性が今ひとつ合わず、たびたび叱責を受けていたそうです。叱責は毎回長々と続き、受講者の方にとってはかなりのストレスになっていました。

以前まで、この方は上司の叱責をただ黙って聞いていました。上司の言い分の中には「言われても仕方ない」と思うところもある反面、「そこまで言うのはひどい」と反論したくなる部分や、「その考え方はちょっと違うんじゃないか」と思う部分もあって、聞いているうちに頭の中が混乱してくる、ということだったのです。

そこで、私は「エクセル1」を使ったこんな方法をお伝えしました。

まず、ふだん使っている小さなメモ帳より少し大きめの、A5ノートを買ってもらいました。そして、そこに**あらかじめ「エクセル1」のフレームを書いておき、上司が何か言ってきたときには、話を聞きながら「エクセル1」を埋めてもらう**ようにお伝えしました。

受講者の方はさっそく、この方法を実行に移しました。上司の話を聞き、「すみません」と言いつつ、手元に用意した「エクセル1」に、淡々と上司の言うことを書き込んでいきました。

たったこれだけのことなのですが、受講者の方は、「ただ聞いているだけのときより気持ちがずっとラクでした」と話してくれました。

なぜ、これだけのことで気持ちの負担が和らいだのでしょうか。

それは、**相手の強い言葉や厳しい言い回しを、最初に「紙」が受け止めてくれ**

たからです。抽象的な言い方になってしまいますが、**相手の言葉がダイレクトに自分の中に入ってくるのではなく、「紙」がクッション役を果たしてくれる**のです。

これによって、相手の言葉を客観的に聞くことができるようになります。そして、相手が非難しているのは自分自身の人格に関してではなく、自分の「仕事のやり方」に対してだった、ということに気づくのです。

上司の叱責をただ聞いているだけのとき、受講者の方は、自分自身の性格や人格まで全否定されたような気持ちになっていました。それが、**非難の矛先を紙に向けることで、対象が「仕事のやり方」にすぎないのだと気づき、解消された**のです。

取引先の担当者からいろいろと小言を言われる、顧客から自社の商品に対して長々とクレームを受ける、など、誰かに何かを言われてストレスを感じることは、仕事上意外と多いのではないでしょうか。こんなときには、ぜひ自分ではなく紙に受け止めてもらいましょう。なお、これは自分のノートの「エクセル1」に限らず、資料などの手元の紙やホワイトボードで代用してもらってもかまいません。

07

「1枚」仕事術 その7 ストレスなく問題点を指摘する

会社で部下を持つようになると実感する人も多いかもしれませんが、人を叱るというのは本当にエネルギーをたくさん消耗し、ストレスになります。

自分が部下の立場だったときには上司からの叱責にひどいストレスを感じていたものの、上司になってからは、部下を叱るときのストレスのほうが何倍も大きいことがわかった、という人もいるかもしれません。

私もふだん怒ることがほとんどないため、叱るというのは苦手です。

そんなとき、「1枚」を使って、叱るときのストレスをできるだけ減らす方法があります。やり方はとてもシンプルです。

ホワイトボードや手元の紙、ノートなどに「エクセル1」のフレームを書いて

おきます。そして、部下と指導のための話をするときには、この「エクセル1」のフレームを埋めながら行うようにする。たったこれだけです。

ある受講者の方が、職場でこの方法を実践し、結果を報告してくれました。

この方は、自分でも部下には厳しいという自覚があって、部下を叱るときにはたびたび強い口調になっていたそうです。厳しい調子で叱っていると、ますます頭に血が上ってきて、ストレスが増すばかりだったといいます。

そこで、部下と話をするとき、ホワイトボードに「エクセル1」を書くようにしました。そして部下の言うことや自分が伝えたいことを「エクセル1」のフレームに書き込みながら会話するようにしたのです。

話を聞いているだけのときは、部下がまとまりのないことを言うと、「結局君は何が言いたいんだ?」などと、直接怒りをぶつけていたそうです。しかし「エクセル1」に書きながら場合によっては叱るというスタイルにしたところ、怒りが部下でなく目の前の「エクセル1」に向かっていることに気づいたそうです。

多少は頭に血が上っていても、「エクセル1」のフレームに部下の言うことを書き込みながら話していると、部下の言いたいことの輪郭も次第に見えるようになってきたといいます。以前なら、「もう少し自分の考えをまとめてから来なさい」と言っていたところを、「つまり、君が言いたいのはこういうことかな?」などと、前向きに話を進められるようになりました。

それに伴って、部下の態度も変わってきたそうです。以前はひたすらつらそうな顔をして聞いていた部下も、今では素直な様子で前向きに話を聞くようになったといいます。つまり、**叱られる部下の側のストレスも同時に軽減できた**のです。

部下の言っていることにまとまりがなくてよくわからない、部下の書いた資料にまとまりがなくて要点をつかめない、などというときもあるでしょう。

こんなとき、「もう一度考えをまとめてこい」「もう一度書き直してこい」などと頭ごなしに言うのは簡単です。

そこをぐっとこらえて、部下が言おうとしていることを「エクセル1」でまとめてあげる。部下の頭の中のゴチャゴチャを整理してあげる。何が言いたいか自分でもわかっていない部下の話の要点や問題点を、こちらで「見える化」してあげる。そのほうがずっと早く互いの理解が進み、コミュニケーションがスムーズにいくはずです。

08

「紙一重」のゆとりが心を動かし、働き方を変える

これまで何度か書いてきたように、トヨタでは多くの社員が、日常的にあらゆる場面で情報を整理し、「紙1枚」にまとめるという作業をしています。

考え抜いて作られた「トヨタの1枚」は、あるときは新規プロジェクトを発足させ、あるときは仕事をスムーズに進行させ、あるときは社員を育てる、というように、「機能する1枚」になるのです。

機能する1枚とは、言い換えると「読み手の心を動かす1枚」ということです。

たとえば新しいプロジェクト発足のためのプレゼン資料を作ったとしましょう。

プロジェクトが実際に発足するためには、読み手が「よし、やってみよう！」と

いう心境にならなければいけません。心が動かなければ、人は行動に移れないからです。

情報をうまく整理し、うまく考えをまとめることができれば、人の心は動きます。心が動けば、次の行動につながります。これは自分の心についても同じです。情報をうまく整理し、考えをまとめられれば、自分の心が動くわけです。

受講者の方の中に、ある医療機関で管理職をされている方がいました。この方は、毎日とにかく忙しすぎるのが悩みでした。

出勤してすぐに「エクセル1」でその日の業務計画を立てても、突発事項が次々と入り、お昼ごろには計画が崩壊してしまうというのです。毎日、突発事項の処理に3時間はとられてしまい、帰りは終電を使うこともしばしば。

そこで私は「では、突発事項に奪われてしまう3時間は、最初からコントロールできないものとしてあきらめて、残りの5時間をコントロールしていくようにしましょう。1日8時間を分母にするのではなく、5時間の中でやるべきこと、できることを『エクセル1』に書き出してみてください」とアドバイスしました。

そして受講者の方はそれを実践し、後日、結果を報告してくれました。

「いやあ、浅田先生、業務時間が減らないです。相変わらずやることが次から次へと降り掛かってきます」と。

しかしそのあとに「でも、気持ちは以前に比べたら断然ラクになりました。気持ちにゆとりが持てるようになったんです」と続けました。

それまでは次から次へと突発事項が起きて、一日中気持ちがあたふたしていたそうです。でも、「1日のすべての仕事」が突発事項ではなく、自分でコントロールできる部分もあることに気づけた。

たとえば「今日はこれとこれが大事。この2つに関しては、きちんとコントロールしておこう」という心の拠《よ》り所が持てた。それは、1日のうちのほんのわずかな部分だけれど、その拠り所を持てたことが大きい、というのです。

この受講者の方がやったことは、「十把一絡げ《じっぱひとからげ》」となっていた1日の仕事を分解し、自分が「コントロールできるもの」と「コントロールできないもの」に整理したただけです。でも、これによって気持ちが変わり、心が動いたわけです。

このように、**「紙1枚」に書き出しながら情報を整理していくと、物理的な余裕以上に精神的な余裕が生まれる効果もある**のです。

Chapter 4

あらゆるゴチャゴチャは「紙1枚」でスッキリまとまる！

01

1年の目標を見極める「やりたいこと100本ノック」

ここ数年、お正月が明けてすぐのワークショップで、受講者の方たちとあるワークを行っています。

それは、**「今年やりたいこと」というテーマで、A4サイズの紙1枚に128のフレームを作り、埋めてもらう**というもの。

まずは「3分×5セット」くらいの時間配分で、皆さんに自分の1年の目標をコツコツ書き出してもらいました。そのあと、いくつかの質問を投げかけて特に大事なものに絞り込むという作業を経て、最終的にはそれぞれ自分が本当にかなえたい願望にたどり着いていきました。

これは年明けのタイミングに限らず、年度の変わり目、自分の誕生日など、

「ここからまた新しいスタートを切る！」と気持ちをあらためたいときに、ぜひとも取り組んでみてほしいワークです。

時間の節目というのは、新しいことに挑戦したくなるなど、行動への意欲がわいてきやすいものです。

でも、ついあれもやりたい、これもやりたい……となってしまいがち。実際には、節目も平常時も使える時間の合計自体は一緒です。結果、「頭の中がゴチャゴチャになってしまい、気づけば身動きがとれなくなってしまう」「前の年もいろいろやりたいと考えて、手をつけてはみたものの、どれも中途半端に終わってしまった」などということはないでしょうか？

そんな方のために、これからの1年で本当にやりたいこと・本当にやるべきことを探し出すためのワークを紹介します。

このワークでは、先ほどの話の通り、フレーム数が128の「エクセル1《ワン》」を使います。多いように感じるかもしれませんが、この多さこそがこのワークの肝でもあります。チャレンジ精神が旺盛な人は、さらに256、512と増やしてもらってもかまいません。

「エクセル1」で1年の目標を決める

緑ペン　青ペン　赤ペン

❶1枚の紙に128のフレームを作り、テーマを書く

緑色のペンで、フレーム数128の「エクセル1」を書きます。テーマはタイミングによっても変わりますが、年明けであれば「今年やりたいことは?」などとしておきましょう。

❷フレームに「やりたいこと」を書き出す

次に青色のペンに持ち替え、「今年やりたいこと」をフレームに書いていきます。1つのフレームには1つの目標を書いてください。

「エクセル１」で１年の目標を決める

印が多いものから「ベスト10」を決めて、1年の間に取り組んでいく

このワークでは、最終的に128フレームすべてを埋めるつもりで書きます。時間を「3分間書く↓1分間休む↓3分間書く↓1分間休む↓3分間書く↓1分間休む……」という流れにすると、取り組みやすいと思います。128フレームすべてが埋まらなくてもよいですが、15分ほど取り組んでいる間はできるだけすべて埋めるつもりでがんばって書いてみてください。

ここまでの手順ができたら次は「まとめ」に入りますが、実は、フレームに「やりたいこと」を書き入れていく時点で、「自分が本当にやりたいことはこれだ」と気づける場合もあります。

実際に書いてみるとわかりますが、「やりたいこと」を100個以上出すのはなかなかたいへんです。受講者の方にも挑戦してもらうと、皆さんかなり苦戦しています。

特に後半になるとネタが切れてきて、それでも128フレームすべてを埋めようとすると、「風邪をひかないようにする」「暴飲暴食をやめる」などと、当たり前のことも書かざるをえなくなってきます。

それでも書き続けていると、だんだんと繰り返し似通ったものを書いていることに気づきます。たとえば「英会話の勉強」「TOEIC®で○○点をとる」「海外旅行に行く」「外国人の友達を作る」「困っている外国人を見かけたら声をかける」「洋画を字幕なしで観《み》る」などは、結局どれも「英語」という1つのキーワードに結びついています。

書いているうちに、「やっぱり今の自分にとって根本的に興味があるのは『英語』か！」と自己了解できてしまうわけです。

もし書いている途中で、あるいは書き終わったときにこうした気づきを得られたら、もうそれで十分この方法に価値はあったと思います。自分の本音が実感・腹落ちできたわけですから。

ただ、仮にこうしたスッキリ体験ができなかったとしても、まだもう1つプロセスが残っています。ほかの「エクセル1」の活用法と同じように、「質問」を投げかけて優先順位づけを行う作業です。

❸「7つの質問」に沿ってそれぞれ印をつける

優先順位づけの作業からは赤色のペンに持ち替えます。書き上げたフレーム全体を眺めながら、次の「7つの質問」を自分に投げかけ、該当するものに印をつけていきます。

今回はフレーム数が128もありますし、1年を方向づける大事な機会ですので、いつもより質問も盛りだくさんにしておきました（もちろん、ふだん通り気に入った質問3つでもかまいませんし、何か別の質問を用意してもらってもOKです）。

（1）実現したら自分が特にうれしいことは？　↓○
（2）周囲・相手に喜んでもらえることは？　↓△
（3）社会的に意義を感じることは？　↓□
（4）簡単に実現できそうなことは？　↓☆

(5) 実現しないといけないことは？ ↓♡
(6) 今年ならではのことは？ ↓◇
(7) 今年中に決着をつけたいことは？ ↓▽

各質問に当てはまる答えも、これも今回は数が多いため、それぞれ最大5つくらいまで選んでもらってかまいません。

質問を7つも投げかけると、これでもかというくらいに毎回囲まざるをえない項目が出てきます。それがこの1年でもっとも大切なことですし、それを頭ではなく手を動かしながら実感していくところに、この動作の醍醐味《だいごみ》があります。

最後に、特に囲まれている回数が多いものから「ベスト10」を決めて、それを1年かけて、たとえばひと月に1個くらいのペースでクリアしていけるよう、コツコツと取り組んでみてください。

02

「覚悟を決める」を動詞のままで終わらせない

何か新しいことを始めるとき、何かをやり遂げようとするとき、何かの目標を達成させたいとき、いちばん大事なのは何だと思いますか。

私は、**「覚悟を決める」**ことだと考えています。

覚悟さえ決まれば、新しいことを始め、やり遂げたいと思うことに手をつけ、目標を達成するのは決して難しいことではありません。少なくとも、そのための行動はとり続けられます。それができない人、うまくいかない人というのは、覚悟が決まっていないだけという場合が大半を占めるのです。

覚悟を決めるのが大事というのは、私自身の実感もありますし、著名な経営者など多くの方々が口を揃《そろ》えて言っています。ビジネス書や自己啓発書、著名人の自伝などを読むと、たいていは「覚悟」の2文字に出合います。

では、「覚悟を決める」とは具体的にはどうしたらよいのでしょうか？

これもやはり、コツは「動詞」を「動作」に変えることです。前著でも書きましたが、**何かを実践するには、抽象的な動詞のまま「どうしよう……」と悩むのではなく、動作化することが大事**です。

たとえば、本書の中心的なテーマにもなっている「まとめる」という動詞。「昨日の会議の内容をまとめておいて」「皆の意見をまとめておいて」などと、仕事の場でも頻繁に使われます。しかしいざまとめようとすると、どうすればよいかわからなくて困るときがあります。これは「まとめる」という動詞がどういう動作になるかがわかっていないからです。

ちなみに、私が「ビジネススキルを広める」という仕事を始めるに当たって、故郷の名古屋にある熱田神宮で最初に固く誓ったことがあります。それは、「私は動詞ではごまかさない！」という誓いです。

私自身、これまで数多くのセミナーや研修、講演を受講したり、ビジネス書や経営書を読んだりしてきましたが、残念ながら「動詞だけ」の内容に終始していると感じるものが少なくありませんでした。

「大切なのは相手に関心を持つことです」「日々対話を積み重ねていきましょう」「危機感を持って働こう」「コミュニケーションの徹底がカギです」……こうした動詞のアドバイスが結論になってしまうことに、少なからず違和感を抱いていたのです。

だから本書では、「まとめる」という動詞1つをとっても、可能な限り動作に落とし込んで説明しています。

さて、それでは話を戻して、「覚悟を決める」という動詞を動作にするとどうなるのでしょうか。

実際はいくつも方法がありうると思いますし、私もまだまだ試行錯誤の日々です。それでも1つ挙げるとするなら、**実は先ほど紹介した「やりたいこと100本ノック」がこれに当たります。**

受講者の1人に、ある資格試験の合格を目指している方がいました。100を超えるフレームすべてを埋めるまでもなく、その方がいちばん望んでいるのは試験の合格でした。ご本人も、わざわざ書くまでもない、といった感じでした。

それでも、私はあえてこのワークをやってもらいました。なぜなら、このワークをやることでその方の覚悟が決まる、と考えたからです。

繰り返しになりますが、「やりたいこと100本ノック」は、「やりたいこと」をできるだけたくさん書いたあと、フレームを眺めながら「7つの質問」を自分に投げかけていきます。

この方の場合、当然ながらどの質問でも、必ず印がつくのは「資格試験の合格」でした。

要は、質問を1つ自分に投げかけるたびに、「合格」という目標に向き合わされるわけです。そして印をつけながら「自分のためにも、周りのためにも、社会貢献のためにも、やっぱりこの資格を取ることが自分には必要なんだな……」とあらためて思う。これを繰り返していくうちに、覚悟がだんだん決まってきます。実感がわき、腹がすわってくるのです。

これが私から提案できる「1枚」による覚悟の決め方です。

1つ補足すると、このように「動作」というのは常にシンプルで、ともするとあっけなく感じるものです。カラダを動かして再現できることですから、複雑であっては逆に困るわけです。

「あっけないから価値がない」ではなく、「あっけないからこそ」価値があるということを、どうか頭に留めておいてください。

ここでいう価値とは、「実践できる」という意味です。やりたいことは決まっている、でも覚悟が決まらない、という場合には、ぜひこの方法を実践してみてください。

03

目標や願望に潜む「ムラ」を見つける方法

先に、「仕事にムラがあると、どこかにムリが生じて成果が上がらずムダに終わる、よって仕事のムラを見つけるのが大事」という「ムラ・ムリ・ムダ」の話について触れました。

これは、個人の目標達成や願望実現においても同じことがいえると考えています。

あれもやろう、これもやろうとして、結局すべてが中途半端になったり、ムリをして体を壊したりするなどしていては意味がありません。目標達成も願望実現も遠のくばかりです。

そこで、自分のやりたいことの中にムラがないかどうか、確かめてみるのはいかがでしょうか。

実は、この「ムラ」を探す作業でも、先ほどの「やりたいこと100本ノック」が登場します。

自分の「やりたいこと」の中に潜むムラ。それを見つける1つの手がかりが、ワークの「質問を重ねる」段階で何の印もつかなかったところです。よって、ムラを探すには、まず208ページのワークを行います。そして、今回は「何も印のつかなかったフレーム」に注目します。

ある受講者の方の例で見ていきましょう。

この方は会社員として働きながら、資格取得の勉強をしていました（先ほどとは別の方です）。でも、この方にはやりたいことがほかにいくつもあり、資格取得の勉強に今ひとつ集中できずにいたのです。

そこで、「やりたいこと100本ノック」をやってもらうと、次々とフレームが埋まっていきました。資格取得のほかにも、コーチングの勉強、MBA取得、

TOEIC®のスコア獲得、ゴルフのスコアアップに、留学もしてみたい、などなど、やりたいことがズラリと並びました。

それでも結局、「優先順位づけ」の段階でいちばん多くの印がついたのは、資格取得でした。

ひと通り終わったところで、私は受講者の方が作った「エクセル1」のフレームを眺めました。注目したのは、印がついていないフレームです。

するとMBA取得やそれに関連する項目に関しては、1つも印がついていないことに気づきました。

「MBA関連のキーワードには一切印がついていませんね。なんでそんなにMBAを取りたいと思われているんですか？」と尋ねてみました。

受講者の方は印がつかなかったことが自分でも意外だったようで、「でも、会社の昇格試験で有利になるし、実際、若くして昇格している人の多くがMBAを持っているので……」と言います。

たしかにその方がフレームに書いたキーワードの1つに「会社で昇格」という

ものもありました。しかし、そこにも印がついていないのです。

「本当に会社で昇格したいと思っていますか？」

そう尋ねると、受講者の方は少し考えて「実はそんなに強くは思っていないかもしれません……というか、この1枚を見るとそうであることは明らかですね」と答えてくださいました。

こんなやりとりをするうちに、この方の本当の願望は、会社の中でキャリアを積んでいくのではなく、資格を取得して将来的には独立して自分で仕事をしていきたい、というものであることがわかってきました。

つまり、「MBAの取得」という思いに、受講者の方の本音はなかったのです。本音がないから、やらなくてはと思いつつ、実際の行動には移せない。やったとしても、おそらく途中で挫折するでしょう。

でも、こうした「なんとなくの願望」あるいは「記号的願望」とでもいってよいものを追いかけている人は、意外と多いのではないでしょうか。

この方の場合は、経済的にも、時間的にもムリをしてMBAの勉強にエネルギーを注ぐくらいなら、資格試験の勉強のほうに集中したほうがよい、ということが見えてきたわけです。

このように、「やりたいこと100本ノック」で何も印がつかなかった箇所に注目してみると、自分の本音が見えてくる場合があります。

ムラに当たるものを見つけたら、ムリをしてムダなことにならないよう、思い切って手放してみる……。これが目標達成や願望実現の近道になる場合は少なくないはずです。

ちなみに「思い切る」のが難しい場合、必要なのはそれ相応の「覚悟」です。214ページで紹介した「覚悟を決める」の動作化がここで効いてきます。合わせて活用してみてください。

04

毎日成長し続けるための「1枚」自己カイゼン術

トヨタに限らずどこの企業でもそうだと思いますが、年に何回か、上司とマンツーマンでの面談が行われます。

ちなみに、トヨタの場合はこうした上司との面談の際も1枚の紙をもとに進められていました。

といっても、面談で話す内容として特別なことはなく、たとえば「(前年度あるいは)現時点までにできたことは何か？」「現時点までにできなかったことは何か？」を確認したり、「残りの期間はどうするか？」といったことなどを話し合って決めたりしていきます。

特に新人のころは、上司との1対1の面談は緊張しましたし、できなかったことをあらためて取り上げられるのは少し耳が痛くもありましたが、私にはよい振り返りのチャンスでした。

なぜなら、**できなかったこと以上に、現時点までにできたこと（＝やり方が正しかったこと）を地道に続けていれば、それが自分の成長や仕事の成果につながる**と考えていたからです。

私は人がステップアップをしたり、目標を達成したりするのにもっとも重要なのは、「そのために間違いなくプラスになる、と思うシンプルな行動をとり続けること」だと考えています。とにかく淡々と、それをやり続けていればいつかは必ず実現する。だからこそ、本書の前半で「アクションファースト」についてご紹介しました。

しかしときに、今続けているやり方が果たして正しいかどうか、悩むこともあります。そんなとき、上司という客観的な判断も加わって、できたこと（＝よかった部分）、できなかったこと（＝悪かった部分）の確認作業が定期的にできたのは、非常に自分のためになりました。

こうした振り返り作業ですが、紙1枚を使って1人で同じように行うこともできます。その方法を紹介しましょう。

まず、毎晩（毎日）、毎週日曜日（1週間に1回）、毎月1日（1か月に1回）など、定期的に実施する日を決めます。

使うのは「エクセル1」を変形させた「1枚」フレームです。

「紙1枚」で日々自分をカイゼンしていく

緑ペン　青ペン　赤ペン

❶フレームを作り、上段に「3つのテーマ」を書く

緑色のペンで、左ページのようにフレームを書きます。そしていちばん上のフレームに、日付と「よかったこと」「悪かったこと」「どうカイゼンしていく

「紙1枚」で日々自分をカイゼンしていく

20XX.4.X よかったこと	悪かったこと	どうカイゼンしていくか？
○○○○○	×××××	△△△△△△△△△
○○○○○	×××××	△△△△△△△△△
○○○○○	×××××	△△△△△△△△△
○○○○○	×××××	△△△△△△△△△
○○○○○		

か？」を書き込みます。

❷それぞれのテーマに対する内容を書く

青色のペンに持ち替えて、今日1日で（もしくは1週間、1か月で）「よかったこと」「悪かったこと」を思い出して書きます。

❸「悪かったこと」についてカイゼン策を書く

「悪かったこと」について「どうカイゼンしていくか？」を考えて赤色のペンで書きます。

書き終わったらフレームを眺めます。

「よかったこと」については次の日からも引き続き、続けます。「悪かったこと」についてはカイゼン策を実行します。

これで、日々「成長し続ける」「結果を出し続ける」サイクルを主体的に回すことができるようになるのです。


なお、ここでご紹介した方法は、私の体験をベースにはしていますが、「KPT」というほかのビジネスフレームワークでも語られています（個人的には、著名な「PDCAサイクル」よりシンプルなのでおすすめです）。「K」が「Keep」、「P」が「Problem」、「T」が「Try」で、それぞれ私がふだん用いている表現で言うところの「よかったこと」「悪かったこと」「どうカイゼンしていくか？」に対応しています。

05

本や映画の感想をまとめる「1枚」インプット術

「あの本読んだ?」「あの映画どうだった?」などと人から聞かれたときに、感想をスラスラと伝えられたら素敵だと思いませんか?

あるいは、スラスラと語れるくらいに内容をしっかり把握できていたら、と思う人もいるかもしれません。

そんな人のために、読んだ本や観た映画の内容をまとめ、それを人にわかりやすく話せるようになる方法があります。

そもそも、こうした感想をうまくまとめるのが難しいのはどうしてでしょう。

子どものころ、学校で「読書感想文を書きなさい」と言われ、いったい何を書けばよいのかと困った記憶はありませんか？　大人になった今はどうでしょうか。スラスラと書けるでしょうか。

感想文を書かされるときに困るのは、そこに「動機・目的」がないからです。たとえばラブレターなら、「自分の心に秘めた思いを意中の相手に伝えたい」と思って書きます。退職願いなら、上司に「辞めさせていただきます」という意思を伝えるために書きます。このように、たいていの文章は、書き手に「こういうことを相手に伝えたいから書く」という動機・目的があるのです。

ところが、一方的に「書きなさい」と言われる感想文は、なかなか動機・目的が生まれにくい。だから書けないのです。

そこで、まずなんらかの動機・目的を作る必要があります。**たとえば自分が読んだ本であれば、「この作品を誰かにおすすめする／おすすめしたい」という動機・目的を作ってしまう**のです。

ここで思い出していただきたいのが、Ｃｈａｐｔｅｒ１でお伝えした「まとめるためのヒント」のうちの１つ、「人に説明できるようにまとめる」です。まとめるときに、「人に説明できるようにする」という前提をつけると、格段にまとめやすくなる、と述べました。

ここでも同じことがいえます。漠然とただ感想文を書こうとすると難しいですが、「誰かにおすすめする」という前提をつけると、格段にまとめやすくなります。

なぜなら、聞き手を意識すると「聞き手が知りたいことは何だろう？」などの疑問が浮かびます。聞き手の側に立つことで、書くべきことが見えてくるのです。

たとえばあなたの友人が、あなたに向けて発した第一声が「この本よかったよ」だったとしましょう。あなたは友人にどんな言葉を返すか、想像してみてください。

「何がよかったの？」

「どうしてよかったと思ったの？」

「テレビでも見たけど、なんでこの本こんなに売れてるの？」

「どんなとき役に立つの？」

こうした質問ではないでしょうか。
おすすめする側に立ったときには、反対に、これらの聞き手の疑問を解消する内容を伝えればよいわけです。

この前提を踏まえ、「ロジック3《スリー》」を使って、読んだ本や観た映画の感想のまとめ方を紹介します。

「ロジック3」で本や映画の感想をまとめる

緑ペン　青ペン　赤ペン

❶「ロジック3」のフレームを作り、テーマを埋める

緑色のペンで「ロジック3」のフレームを書きます。テーマのところには「本や映画のタイトル」を書きましょう。

❷「1P?」を書く

「1P?」のところには、本や映画の感想をひとことで言うとどうなるか、を考えて赤色のペンで書きます。もし、最初に書くのが難しい場合は、「Q1?」〜「Q3?」をまとめたあとで、あらためて書いてもかまいません。

❸「Q1?」〜「Q3?」をそれぞれ書き込む

自分が「この本（または映画）よかったよ」とおすすめしたときに、聞き手がどんなことを聞いてきそうか考え、「Q1?」〜「Q3?」に入れます。

たとえば、

Q1?……どうしてその本を読んだの?

Q2?……何を学んだの?

Q3?……本の内容をどう活《い》かすの?

などとしてみましょう。
あるいは順序立てて、

Q1?……どんなところがよかったの?
Q2?……(Q1?の答えに対して)どうしてそう思ったの?
Q3?……どんなふうに役に立つ?

などでもよいでしょう。

④「Q1?」~「Q3?」の答えを書く

❸で書き込む質問は、例に挙げたもの以外でももちろん結構です。どれが正しい、というものではありません。

大事なのは、質問を投げかけることで思考整理が進んでいくことにあります。手を動かして書き出していき、最終的に「自分はこう思う」という自分なりの考

「ロジック3」で本や映画の感想をまとめる

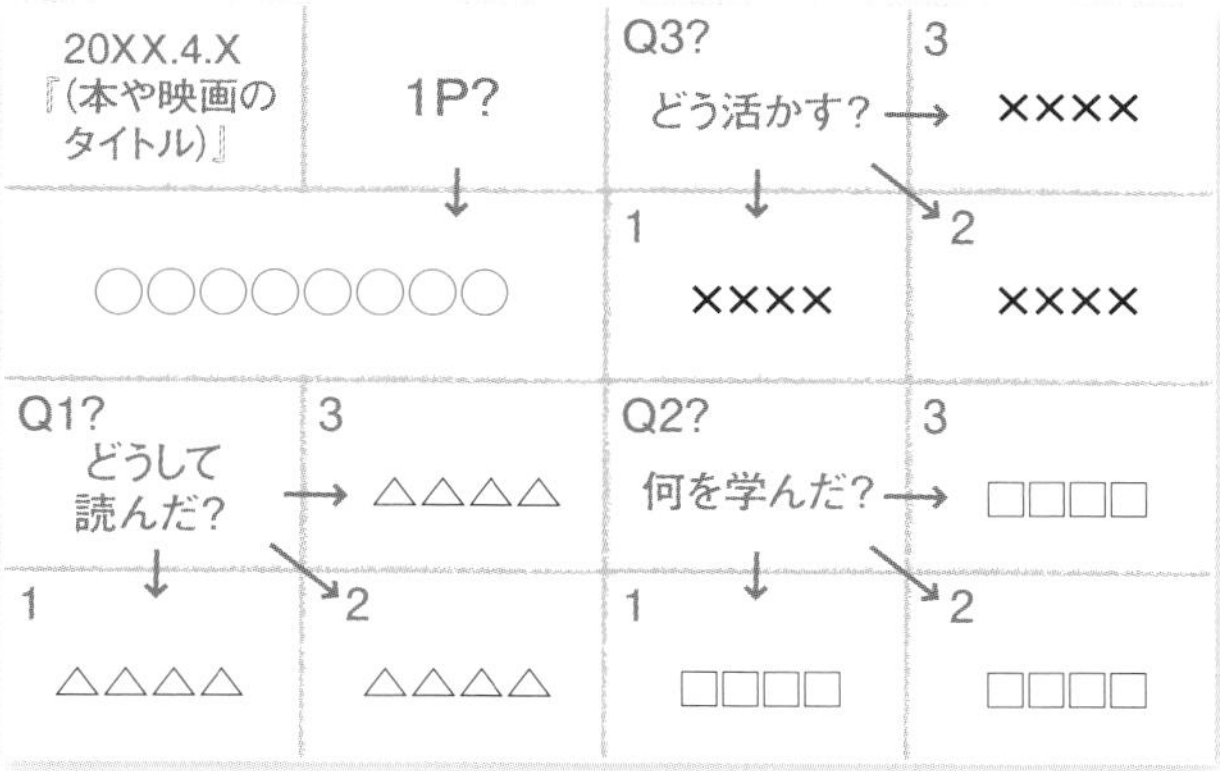

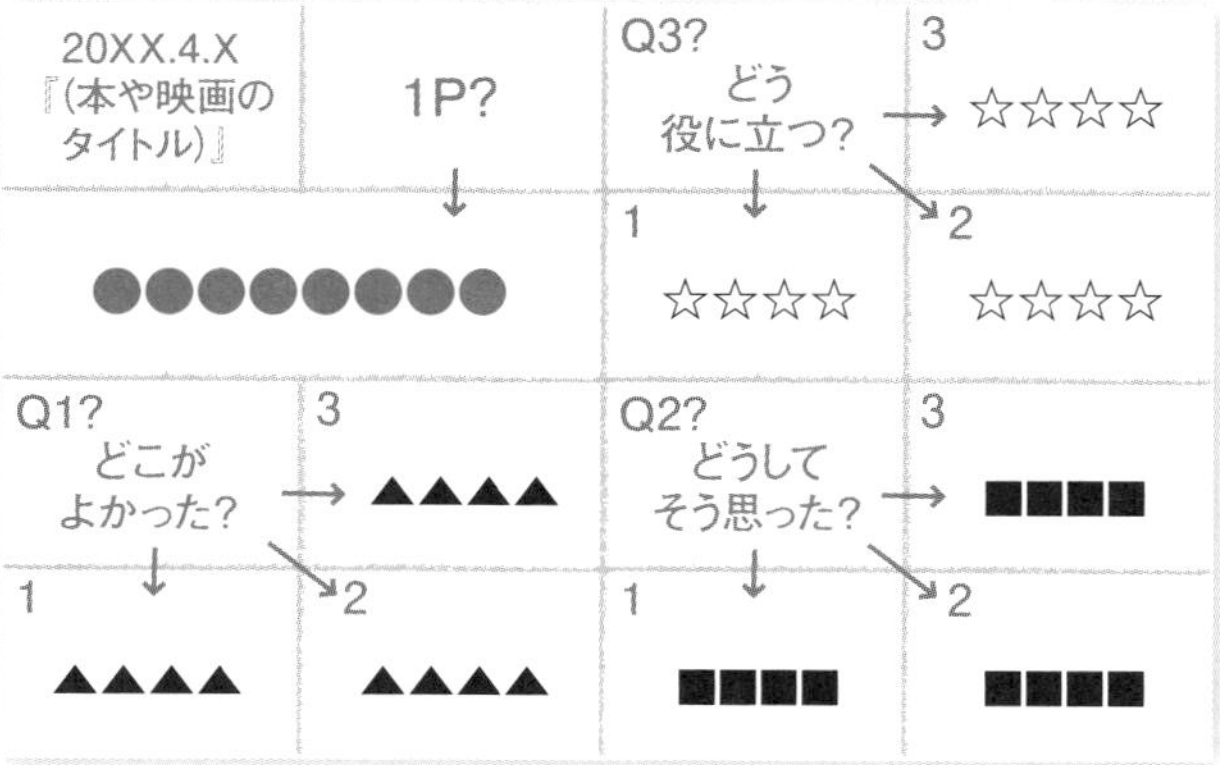

えがまとまることがポイントです。

ぜひ、試しにこれまでに読んだ本や観た映画の中で印象に残っているものについて、「誰かにおすすめする」という前提でまとめてみてください。

実際に書いてみると実感できると思いますが、あらためて書き出し、まとめることで、その内容が再び自分の中にインプットされます。書く前は「なんとなくよかった」と漠然と思うだけだったものが、より具体的な形で記憶に残ります。

一度書いてまとめるという思考整理には、誰かにスラスラと伝えられるようになるだけでなく、自分の記憶の引き出しの中に、長く保管しておくことができるというメリットもあるのです。

06

読んだ内容を仕事や人生に活かす「1枚」読書術

先ほど、本や映画の感想を聞かれたときにスラスラと答えられるようにするための方法を紹介しましたが、ここで1つ、実際に私がやってみた例をご紹介したいと思います。

題材として選ぶのは、2014年から2015年にかけ、世界的に大ヒットした書籍『21世紀の資本』（トマ・ピケティ著／みすず書房）です。

この本の日本語版は700ページ以上におよぶ大作ですが、当然ながらそれほど膨大な量の内容を頭に記憶しておくのは至難の業です。

知的体力を養おうと、こうした大作を読むという体験には十分価値があると思いますし、実際にやった方もいるかもしれません。ただ、実際に読んだあと、この本の存在ではなく「内容」について覚えている人、あるいは概要だけでも語れる人がどれだけいるでしょうか。

もちろん憶測にすぎませんが、大半の場合、必死に通読してからほどなくして、内容のほとんどは忘れてしまうのではないでしょうか。そんなときに、「せめてこれだけは覚えておきたい」「最低限、これくらいは人にも語れるようにしておきたい」といったレベル感で、内容を「1枚」にまとめる方法があります。

「ロジック3」を用いるこの方法は、たとえば『21世紀の資本』であれば、著者のピケティがどのような論を展開しているかというよりは、**「自分が理解しやすいように」「自分が人に説明しやすいように」という観点を優先にしたまとめ方**です。

だからこそ、何か月たってからでも記憶に留《とど》まり、いざ人に説明する必要性が出てきた際にも、あわてることなく話すことができるようになります。

さて、ここでさらにもう1枚、『21世紀の資本』をまとめた「ロジック3」を

『21 世紀の資本』の内容を「1 枚」にまとめる

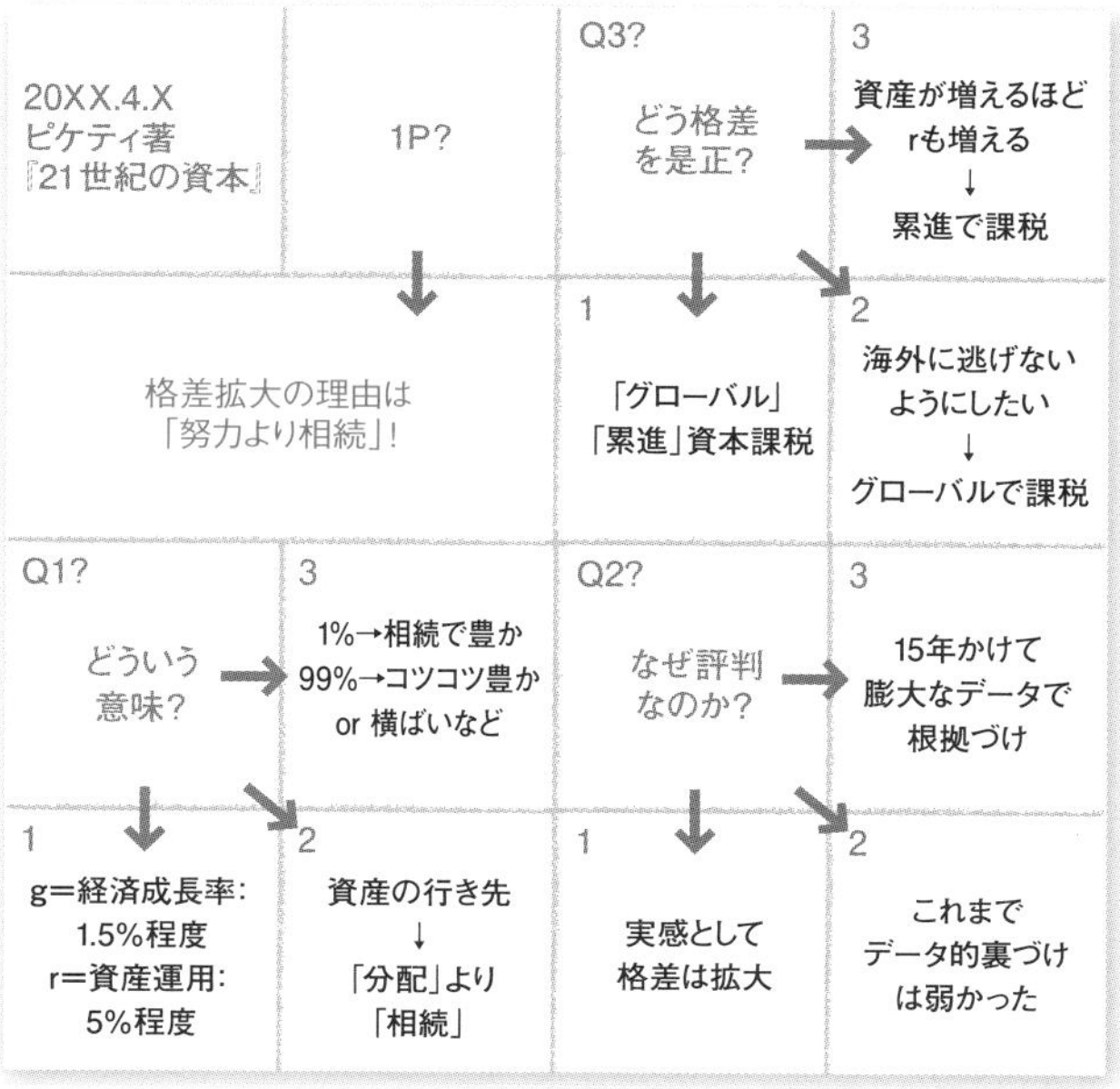
20XX.4.X
ピケティ著
『21世紀の資本』
1P?
格差拡大の理由は
「努力より相続」!
Q3?
どう格差
を是正?
3
資産が増えるほど
rも増える
↓
累進で課税
1
「グローバル」
「累進」資本課税
2
海外に逃げない
ようにしたい
↓
グローバルで課税
Q1?
どういう
意味?
3
1%→相続で豊か
99%→コツコツ豊か
or 横ばいなど
1
g=経済成長率:
1.5%程度
r=資産運用:
5%程度
2
資産の行き先
↓
「分配」より
「相続」
Q2?
なぜ評判
なのか?
3
15年かけて
膨大なデータで
根拠づけ
1
実感として
格差は拡大
2
これまで
データ的裏づけ
は弱かった

紹介したいと思います（左ページ参照）。

一見、先ほどと同じに見える「1枚」ですが、「Q3?」部分を変えてあります。先の例は「どう格差を是正?」としていますが、今回は「どう活かす?」としています。

このように、「問い」が変わると、当然まとめ方も変わってきます。「どう格差を是正?」は「ピケティはこう言っています」という「ピケティ主語」がまだ強めなのに対し、「どう活かす?」の主語は「自分」ですので、先ほどよりさらに主観的なまとめになっています。

具体的にどう違うか、「Q3?」部分だけを人に話すように文章化してみましょう。

（「Q2?」までの内容を踏まえて）最後にどう活かすかですが、まずピケティは「グローバル累進資本課税」というのを提唱しています。

ただ、私自身は政策担当者ではないですし、現実の政治がこれを実現して

『21 世紀の資本』の内容を自分の人生に活かす

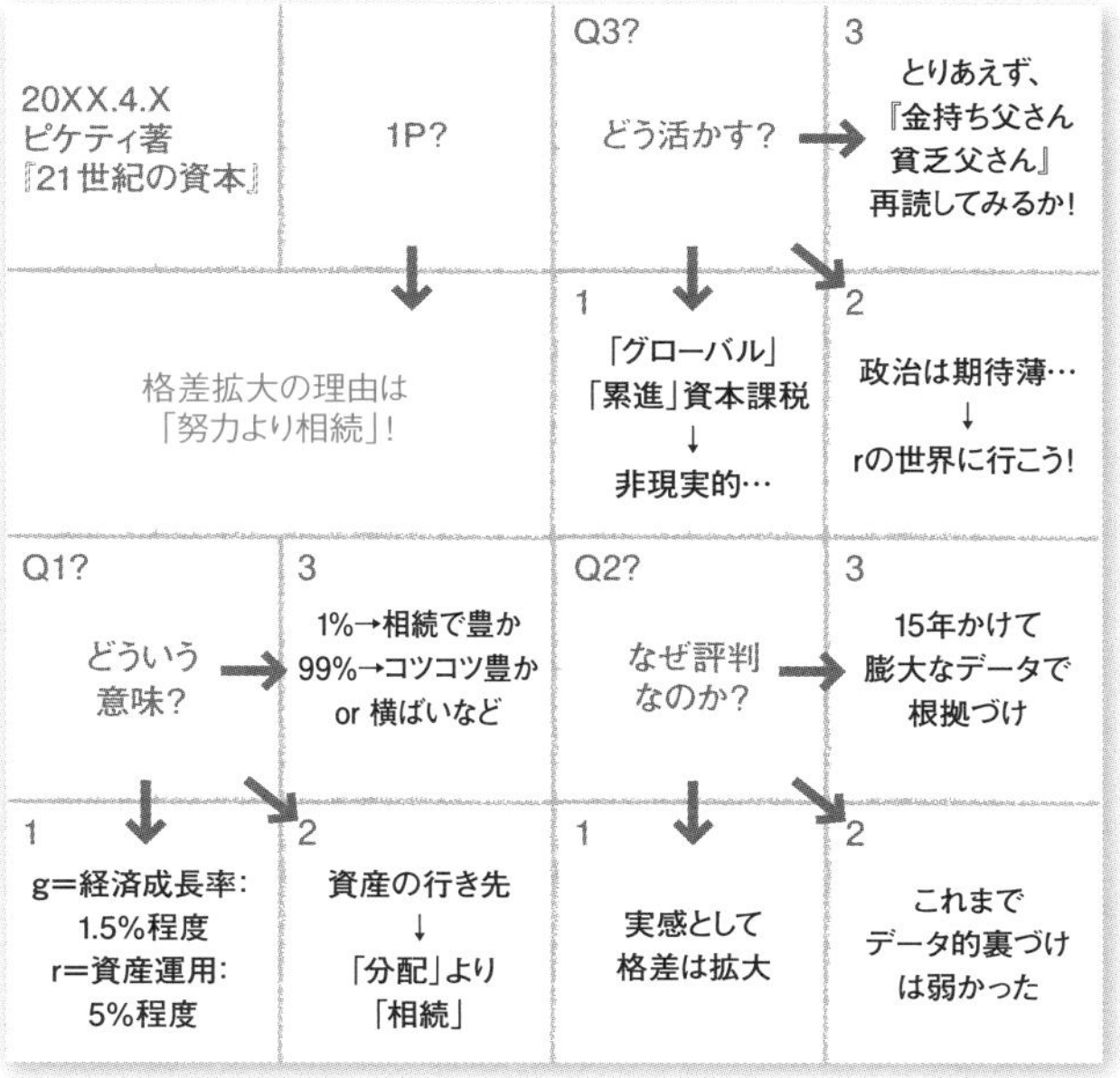

くれるとは到底思えません。

だから私自身は、ピケティのいう「rの世界」（かなりざっくりとした意味合いで言えば「投資によって利益を得る世界」）に少しでも自分の人生を近づけていきたいと感じました。

ただ、現時点で資産運用に関してはまったくの無知なのですが、この本を読んでいて、そういえば最近、『金持ち父さん貧乏父さん』（ロバート・キヨサキほか著／筑摩書房）という投資・金融に関する本の改訂版を買ったまま積ん読になっていたことを思い出しました。まずはあの本を読み返すことから始めてみたいと思います。


いかがでしょうか。「こんなの本のまとめじゃない」と感じられた方もいらっしゃるかもしれません。確かに、「本の内容を要約する」という意味では、このまとめ方は異なる内容になってしまうと思います。

ところで、1つ確認したいのですが、「本を読む目的」とはいったい何でしょうか。

「内容を正しく把握するため」というのも、もちろん1つの考え方でしょう。ただ、それと同じくらい、もしくはそれ以上に、「自分の仕事や人生に活かすため」という目的も大事ではないでしょうか。

純粋な娯楽のための小説などを除いて、本を読む際に、あるいは読んだあとに必ず投げかけるべき質問が「どう活かすか？」だと私は考えています。そしてこの「どう活かすか？」を軸にまとめておくからこそ、実際にそのあとの仕事や人生にも影響を与えていくことが可能になります。

本書の前半でご説明した「アクションファースト」、すなわち日々行動していこう、そのためのヒントや材料を得るために読書をしていこう、と考えている方にこそ、私は今回ご紹介したような本のまとめ方をおすすめします。いわゆる「要約」に近いものと比べると、「ロジック3」を使ったこうしたまとめ方のほうが、より実利的なはずです。

「著者がどう言ったか」だけに留まらず、「自分がどう活かすか」にこだわった読書。

そうした主体的な読書体験を積み上げていきたい方は、ぜひこの「1枚」読書術を活用してみてください。

07

記憶が苦手でも覚えられる「1枚」暗記術

意外に思われるかもしれませんが、**実は「エクセル1」は、英単語などの「記憶ツール」としても使えます。**もちろん、英単語に限らず、仕事で必要な専門用語や業界用語の丸暗記にも使えます。

百聞は一見にしかず、さっそく、その方法を見ていきましょう。

「エクセル1」で英単語を暗記する

緑ペン　青ペン　赤ペン

❶「エクセル1」のフレームを作り、矢印を書く

緑色のペンでフレーム数16、もしくは32の「エクセル1」を書きます。そして、左ページのように矢印を書き込んでいきます。

❷自分が身近に目にする「場所」を思い浮かべて順番にフレームに入れていく

次に青色のペンに持ち替えて、自分が帰宅したときの周りの光景を思い浮かべます。

まず玄関を開けて、最初に目に飛び込んでくるものは何でしょうか？　それがたとえば鍵置き場だとしたら、１つめのフレームの上半分に「鍵置き場」と書きます。

家に帰って鍵を置いたら、次はどんな行動をとるでしょうか？　玄関で脱いだ靴を揃えるとしたら、２つめのフレームには「靴」と書きます。

さて、次はどうでしょう？　洗面所で手を洗うとしたら、３つめのフレームに水道の「蛇口」などと書きます。

このようにして、自分の日常的な行動パターンを思い出して、行動を起こす場

「エクセル 1」で英単語を暗記する

20XX.4.X 英単語の暗記	**リモコン** chicken 鶏肉	**冷蔵庫** carrot にんじん	**鏡** sugar 砂糖
鍵置き場 apple リンゴ	**ソファ** beef 牛肉	**グラス** onion たまねぎ	**植木** salt 塩
靴 banana バナナ	**タオル** rice 米	**ビール瓶** potato じゃがいも	**カーテン** strawberry いちご
蛇口 orange オレンジ	**ハンドソープ** fish 魚	**カーペット** egg たまご	**時計** lemon レモン

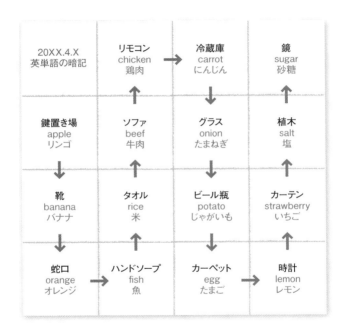

所や関連するものを、目にする順番に沿ってフレームに書いていきます。

❸フレームに覚えたい英単語を入れていく

今度は赤色のペンに持ち替えて、覚えたい英単語と日本語訳を、1フレームにつき1つ書いていきます。このとき、フレームの下半分に書くようにします。

❹「場所」と「英単語」を結びつけて覚える

フレームがすべて埋まったら、それらを眺めながら、同じフレーム内に書かれている「場所」と「英単語」を結びつけたイメージを思い浮かべます。

簡単な例で説明すると、たとえば鍵置き場のフレームに書いてある単語が「apple」だとしたら、鍵置き場にリンゴが置かれている光景をイメージします。靴のフレームに「banana」と書いてあるときには、バナナの柄がデザインされている靴などをイメージします。水道の蛇口のフレームに「orange」が書いてある場合には、蛇口から水と一緒に orange の文字、あるいはオレンジジュースが流れてくるところなどをイメージします。

このように、1つひとつの単語に対して「居場所」を作り、それに関連するイメージを思い描くのです。こじつけでOKですし、とにかく楽しくやることがコツです。

英単語のように覚えたいものの数が多くあるときには、「エクセル1」を何枚か書く必要が出てきますが、その場合は行動パターンを細かく分けて設定したり（たとえば「水道で手を洗うときの石鹸《せっけん》→手をふくときのタオル→うがいをするときのコップ」などのように）、ほかに記憶している日常的な場所（会社までの道のりや会社内の様子など）を活用したりするとよいでしょう。

この方法を使えば、場所を思い浮かべたときに、そこに関連づけられて出現するイメージが自然と定着して、単語を思い出しやすくなるのです。

この方法は、実は以前、NHKの番組『ためしてガッテン』で紹介された記憶術を応用して動作化したものです。

人間の脳には、「Place cell（場所細胞）」という、場所を正確に記憶する細胞があり、この細胞を利用して「場所」と関連づけながら記憶することで、効率よく覚えられるのだそうです。

実際、記憶力の世界チャンピオンが、この方法で大量暗記を実現している様子も紹介されていました。この「1枚」記憶術は、彼の思考回路をトレースして、私なりに動作化したものとご理解ください。

簿記などの資格試験、製薬業界におけるMR試験等々、社会人になっても暗記の機会がなくなるわけでは決してありません。実際に受講者の方からも大好評の暗記術ですので、積極的に試してみてはいかがでしょうか。

08

書くだけで7キロやせた!?「1枚」ダイエット術

最後にもう1つだけ、かなり変化球的な内容を紹介したいと思います。この内容はテーマの性質上、企業研修の場などではほとんど話したことがありません。

以前、「ダイエットがうまくいかなくて……」と悩む、ある受講者の方がいらっしゃいました。そこで私は、「あー、それだったら『紙1枚』書くだけでなんとかなりますよ」とお答えし、「エクセル1」をアレンジしてアドバイスしました。

するとその方はすぐに実行に移し、**実際に数か月で7キロ減のダイエットに成功した**のです。開発した私自身も、この劇的な〝ビフォー・アフター〟にはさすがに驚きました。
いったい、どんな方法を実践してもらったのか、その具体的な手順を紹介しましょう。

「エクセル1」をダイエットに応用する

緑ペン　青ペン　赤ペン

❶「エクセル1」のフレームを作る

緑色のペンで、32フレームの「エクセル1」を書きます。

❷テーマのところにダイエット開始の「月」を書く

たとえばダイエットを始めるのが1月なら「1月」と書きます。

❸各フレームに、1日から31日までの日付を書く

31日より短い月の場合は、残りのフレームを空白にしておいてかまいません。

❹この「1枚」を体重計の近くに貼る

❺毎日決まった時間に体重を量り、フレームに書き込む ✎(減)/✎(増)

このとき、体重が前日より減っている(あるいは同じ)場合は青色のペンで、増えている場合は赤色のペンで書き込みます。

なぜ、たったこれだけでダイエット成功につながったのでしょうか?

このダイエット法のいちばんのポイントは、体重が前日より減っている場合には青色で、増えた場合は赤色で記録するところにあります。これを実際にやってみると、「今日も青色で書けた。うれしい!」「今日は赤色か……書きたくないな」などの感情がわいてきます。

また、色分けして体重を書き、体重の増減を「見える化」することで、実際に

「エクセル１」をダイエットに応用する

20XX年4月							
		8	65.0	16	64.2	24	64.8
1	64.4	9	64.5	17	64.5	25	64.1
2	64.1	10	64.2	18	64.6	26	63.9
3	64.1	11	64.4	19	63.8	27	63.4
4	64.0	12	63.5	20	63.7	28	63.6
5	64.0	13	64.6	21	63.9	29	63.1
6	64.1	14	64.6	22	64.3	30	63.0
7	64.5	15	63.4	23	64.7		

は感じにくい、自分の体重のわずかな増減を目で見て実感できるようになります。

すると日々の行動に小さな変化が起きてきます。「今日も青色のペンで書きたい」と思うと、たとえばエスカレーターやエレベーターを使わず階段を上ったり、甘いものを我慢したり、食事もカロリーの低いものを積極的に選んだりするようになるなど、ダイエットに効果がある行動を自然ととるようになります。

さらにその行動が「青色の数字（体重）」という目に見える結果になることで、ますます行動への意欲がわいてくるという好循環が生まれ、ダイエット成功

につながるのです。

ちなみにこのダイエットをより成功に近づけるには、体重が50グラム単位で表示される体重計を使うのがおすすめです。50グラムのわずかな変化も見逃さず「減った！」と実感できることがモチベーションアップにつながり、行動を継続しやすくなるからです。

目標を達成させるには、そのための行動をとにかく続けることが不可欠です。

ダイエットに限らず、目標達成のために何かをやり遂げようとしてもなかなかうまくいかず、途中であきらめてしまうことはないでしょうか。

そんなとき、「もうダメだ」と100パーセント投げ出してしまうのではなく、自分なりに続けやすいように行動をアレンジしてみるのです。

お気づきの方もいるかもしれませんが、「エクセル1」を使ったダイエットは、時々テレビなどでも紹介される「計るだけダイエット」を応用したものです。

本家の「計るだけダイエット」はもう少しだけ複雑なことをやるのですが、私は、受講者の方にアドバイスするときに、「体重を量るのは、入浴前の衣類をすべて脱いだあと1回だけ」としました。

なぜなら、1日2回以上量るよりは1回のほうが短時間で済み、簡単に実践できるからです。また、身につけている衣類の重さはその日によって違うので、裸の状態で量ったほうが誤差を防げます（すなわち、わずかな「減り」を見逃さず、モチベーション継続につながります）。

これらのアレンジはすべて、行動を続けるためのちょっとした工夫です。

私は、ある行動を続けるための条件には、次の3つがあると考えています。

（1）シンプルな動作であること
（2）短時間でできるものであること
（3）実践すればするほど深みや（知的）おもしろさ、新たな発見があることこの3条件が揃っていれば、たいていの場合続けることは難しくありません。「もう続かない！」「もうムリ！」と感じたときには、この3つの条件が揃うように自分なりに行動をアレンジしてみてください。アレンジすることで、時としてその行動の効果が弱まってしまうかもしれませんが、行動をやめて効果がゼロになってしまうよりはるかによいはずです。

おわりに

ここまで、「超実践編」ということで、数々の実践例をご紹介してきました。

盛りだくさんで消化しきれていない方のためにあらためて振り返っておくと、まずChapter1では、私が提唱している思考整理術「1枚」フレームワークの中から、「エクセル1《ワン》」「ロジック3《スリー》」の書き方・使い方について解説を行いました。

その後、Chapter2では、この思考整理術を「資料作成」にどう活《い》かしていくかという観点で、さまざまなシチュエーションを想定した使い方を紹介しました。

さらに、Chapter3では、資料作成術の範囲を超え、仕事のさまざまな場面でとり入れられる応用例を説明しました。

最後に、Ｃｈａｐｔｅｒ４では、仕事という枠を超えたユニークな実践例をいくつか紹介しました。こうした仕事の場面以外での実践例は、ふだん企業研修やコンサルティングの場では時間を割いて話すことができない分野です。ただ、このような「想定外」に触れることで、かえって仕事での実践方法もわかりやすくなるのではとの期待から、あえて扱いました。

これらのさまざまな実践例を通じて、一貫してお伝えしてきたメッセージを明文化すると、次のひとことに集約されます。

「1枚」書けば、立ち止まらずに行動し続けられる。

何か問題にぶつかるなどして身動きがとれないとき、人はともすれば「頭でっかち」になりがちです。かつての私自身がそうでした。そして、何もできず歯を食いしばることしかできないときほど、悔しく、惨めなものはありません。不甲斐《ふがい》ないと自分を責めたくもなるでしょう。

そんなとき、私はよくこう嘆いていました。

「小学生のときにやっていた相撲や、高校時代にやっていた柔道のように、仕事でも、いつでも戻ってこられる、頼りになる『型』があればいいのにな……」

「1枚」フレームワークは、まさに私のこうした「困ったときの『型』頼み」に対する渇望の結晶です。「困ったときの『紙』頼み」と言い換えてもいいかもしれません。「型」の素晴らしいところは、一度身につければ、どんな局面でも頼りにできることです。

だからこそ、**問題に直面したとき、行きづまったときにこそ、立ち止まって考え込む前に、「1枚」書くという基本の型をリスタートのきっかけにしてほしい**のです。

緊急事態や非常時、たいへんな状況のときほど、人はシンプルなことしか実行できません。
私が提唱しているのは、
•「1枚」の紙を手元に置く
•「フレーム」を書く
•「テーマ」を決めて、埋める
この動作をほんの数分やってもらうだけです。
しかも、方法は「エクセル1」と「ロジック3」の2パターンだけ。仕事における「型」を目指すなら、これくらいシンプルでなければならないのです。
少し話はそれますが、大学生のころ、私は活字中毒でひたすら本を読み漁《あさ》っていました。
その中でも、中国古典に関する本を読んでいたときに、「人に魚を与えれば1

日で食べてしまうが、人に魚釣りを教えれば一生食べていくことができる」という言葉を知りました（一説には「老子」の言葉だとされていますが、諸説あるようです）。

表面的なビジネススキルや些末《さまつ》なテクニック（魚）だけではなく、一生役立てられる本質的な考え方（魚釣り）を、どう実践（型化）していくか。

私が本書で紹介してきた内容は、表向きにはいわゆる「仕事術」ですが、根本的な価値観はこの言葉にも通じるものです。

「その場しのぎの資料作成術より、一生役立つ仕事術を。仕事のためだけの思考整理術ではなく、あらゆる場面で役立つ思考整理術を身につけてもらいたい」

——そんな思いを胸に、〝魚釣り〟となりうる技術をお伝えしてきました。

あとは、実践あるのみ。

興味をひかれたり、あるいは今、自分が抱えている悩みに直結したりする方法があれば、1日に1つでも、1週間に1つでも、ぜひ「畳の上の水練」のまま終わらせることなく、実際に活用してみてください。喜びのご報告を、楽しみにしています。

その小さな「1枚」の積み重ねが、あなたの人生に大きな感動をもたらすことを、心より願いつつ。

最後までお読みいただき、ありがとうございました。

〝伝わるカイゼン〟「1枚」ワークス代表　浅田すぐる

単行本　二〇一六年一月　サンマーク出版刊

サンマーク文庫

トヨタで学んだ「紙1枚！」にまとめる技術［超実践編］

2021年9月10日　初版印刷
2021年9月20日　初版発行

著者　浅田すぐる
発行人　植木宣隆
発行所　株式会社サンマーク出版
東京都新宿区高田馬場2-16-11
電話 03-5272-3166
フォーマットデザイン　重原 隆
本文DTP　山中 央
印刷・製本　三松堂株式会社

落丁・乱丁本はお取り替えいたします。
定価はカバーに表示してあります。

ISBN978-4-7631-6127-7　C0130

ホームページ　https://www.sunmark.co.jp

サンマーク文庫

好評既刊

人生の原理
小宮一慶
百年前も、百年後も、大切なこと。仕事と人生を成功させる、小宮流「生き方・考え方・働き方」の集大成。
640円

あたりまえのことをバカになってちゃんとやる
小宮一慶
成功者と凡人とを分かつ、紙一重の差とは？ 人気経営コンサルタントが一番書きたかったこと。
600円

一番になる人
つんく♂
音楽業界の鬼才が「仕事の哲学」「生き方の極意」「成功の秘訣」について語り尽くす、話題の本。
571円

軽くなる生き方
松浦弥太郎
『暮しの手帖』編集長であり、文筆家としても人気の著者がもっとも伝えたい「シンプルに、軽やかに生きる知恵」。
600円

人生が変わる朝の言葉
ひすいこたろう
一日の始まりを、最高のスタートにするために。天才コピーライターが贈る、「毎朝1分」の読むサプリ。
700円

※価格はいずれも本体価格です。

好評既刊

サンマーク文庫

ANAのVIP担当者に代々伝わる
心を動かす魔法の話し方

加藤アカネ

「伝説のCAマネージャー」が明かす、言いにくいことを言わずに相手を動かしこちらを好きになってもらう伝え方！　700円

一流秘書だけが知っている
信頼される男、されない男

能町光香

信頼される男とされない男は、何が違うのか？　一流秘書が教える、人生を変える信頼の勝ち取り方！　600円

稼ぐ人はなぜ、
長財布を使うのか？

亀田潤一郎

世界で40万部突破！　数多くの「社長の財布」を見てきた税理士が教える、お金に好かれる人の共通ルール。　600円

ワクワクしながら
「天職」にであう！

矢尾こと葉

隠れた才能が開花する、とっておきのプロセスを大公開！　いつだって誰だって、運命の仕事は見つけられる！　700円

がんばらないで成功する
66の超カンタンな方法

本田晃一

ベストセラー作家の神髄にして原点。「好き」を大切にして自分らしく成功するための指南書！　700円

※価格はいずれも本体価格です。